地域プラットフォームによる観光まちづくり

マーケティングの導入と推進体制のマネジメント

大社 充

学芸出版社

はじめに

　数年前の夏、香川県にある亡き父の郷里を家族で訪ねたときのことである。宝塚ICを出発して明石大橋・淡路島・鳴門大橋を走り、夕方には予約していた民宿に到着。荷物をといてゆったりしていたとき、当時小学3年の息子が「花火をしよう」と言いだした。

　近くのコンビニで花火を手に入れ、民宿の女将さんに「バケツを貸して下さい」とお願いした。

　「花火するの？　どこで??」と言いながらバケツをもってきてくれた女将さんに、「この先の道を下りて行ったら砂浜に行けますよね。その浜辺でと考えています」と答えた。すると…。

　「わざわざ海まで行かんでよろし。うちの前のこの道でやって大丈夫だから、ここでやりなさい」と言う。わたしは、とまどった。

　女将さんが「うちの前」を薦めるのは、花火の音や子どもたちの歓声が響いても誰も文句を言わないから安心しておやりなさい、というやさしい心遣いであった。だからこそ言葉に詰まってしまった。

　なぜなら、小学生の息子は「浜辺で」花火をやりたかったからだ。

　地域の人たちの「善意」は、必ずしも「顧客ニーズ」に合致しているとは限らない。いま注目を集めながらも、いまひとつ成果が見えない着地型観光の現場において、着地型商品（サービス）と顧客ニーズの間に、このような微妙なずれが起こっているのではないだろうか。

　バブル経済崩壊後、旅行マーケットの変化にともない国内観光振興の主役は、地域への送客を担ってきた旅行会社から、地域自身へとシフトした。主役の座に躍り出た地域は、主体的・戦略的な集客の仕組みづくりが求められることになったのである。しかしながら、20年余りの長きにわたる懸命な取り組みにもかかわらず、一部の地域をのぞいて、いまもなお多くの地域では「交流人口の拡大による地域の活性化」という成果を見いだせずにいる。

このような地域の行き詰まりを打破するのに必要な要件として、本書が第一にとりあげたキーワードが「顧客志向」である。第2章では、着地型観光の成功事例の紹介にはじまり、企業において活用されるマーケティングの手法を観光まちづくりに応用する方法について具体例を交えながら解説を行った。

　続く第3章・第4章では、ここ10～15年ほどの間に、各地で台頭してきている新たな観光まちづくりの推進母体に注目し、それらを紹介している。これら組織は、従来の「観光協会」とは異なり、地域資源を活用して商品を生み出し集客を図る事業型組織である。本書では、これらを「観光まちづくり組織」と呼び、従来の組織との違いや、地域内外に果たしている機能、地域のなかでのポジショニングなどを示した。

　第5章では、市町村レベルの「観光振興計画（プラン）」、およびそれを推進する「観光行政」「観光協会」の現状と課題についての整理を行った。観光地域振興の実態をじっくり眺めていくと、期待される成果をあげるためには現行の推進体制そのものに少なからず課題が見えてくる。そこで、第4章で紹介した観光まちづくり組織との比較も行いながら、成果のあがる体制づくり、言い換えるとマネジメントが機能する体制づくりを論点にすえ、地域の観光マネジメントを評価する視点とそのためのツールを提示することを試みた。

　最終章（第6章）では、観光立国という国家的な取り組みにおける観光まちづくりの位置づけと、他産業との連携の必要性について述べた後、わが国全体の観光地域振興の推進体制における改革案を提示している。思い切った改革案であるが都道府県や市町村での検討の俎上に乗れば幸いである。

　本書は、できる限り現場の人たちが実践に活用しやすいよう、図表や問いを数多く掲載し、空欄を埋めるなどしながらワークブックのように利用できるスタイルにしてある。地域の人たちが一体になっての議論の素材とするなど、大いにご活用いただければ幸いである。

2013年1月21日　大社　充

目 次

はじめに 3

第1章　観光まちづくりによる地域振興の課題 ……… 9

第1節　人口減少社会における地域活性化の方策 10
交流人口の拡大による地域活性化への期待 10
疲弊する小規模市町村 13
必要なのは地域循環型の経済サイクルへの転換 15
地域の農業と観光に求められるイノベーション 19

第2節　地域主導型観光の登場と、その課題 21
地域主導型観光への転換 21
観光事業振興から観光まちづくりへ 23
地域に欠けている主体的・戦略的な集客のノウハウと仕組み 26

第2章　地域へのマーケティングの導入 ……… 29

第1節　商品をつくって売るということ 30
ケーススタディ：㈱エコビジョンブレインズのマーケティング 31
着地型旅行商品群が集客に苦労する理由 41

第2節　集客交流における地域マーケティングの考え方 44
地域のマーケティングの基本的な考え方 44
まちの現状を評価分析する 48
顧客はどこにいるのか 55
まちの進むべき方向性を考える 60
地域マーケティングのための市場調査 63

第3節　集客交流事業で地域経済を元気にする具体策 65
来訪者（または送客主体）への働きかけ方 65

地域の経済サイクルに配慮した事業展開　71

第4節　地域コンテンツ（着地型商品）のマーケティング　74
　　　顧客の真のニーズを読み取り発想を広げる　74
　　　顧客をイメージし商品をつくり、適切な流通方法を考える　79

第3章　地域のプラットフォーム型組織の　　　ケーススタディ　85

ケース1　針江生水の郷委員会
　　　　　　―自然と共生する暮らしと集客交流のバランスを図る　87
　　　知る人ぞ知るまちがテレビ放映で一躍有名に　87
　　　針江生水の郷委員会の発足とその機能　89
　　　かつての暮らしを取り戻す　93

ケース2　NPOハットウ・オンパク
　　　　　　―疲弊した温泉地の再生に取り組む　96
　　　衰退温泉地ほど気づかない「温泉」という宝　96
　　　ハットウ・オンパクの魅力　98
　　　ハットウ・オンパクはまちづくり　102

ケース3　㈱南信州観光公社
　　　　　　―日本有数のランドオペレーターとして教育旅行を推進する　108
　　　ほんもの体験を核とした教育旅行　108
　　　農業と観光をはじめとする行政各課の連携　115

ケース4　NPOおぢかアイランドツーリズム協会
　　　　　　―観光による離島振興を図る　116
　　　秘境を武器に観光を島の新たな産業に　116
　　　小値賀まちづくり公社を設立しグループを形成　121
　　　小値賀の優位性はどこにあるのか　124

ケース5　㈱四万十ドラマ
　　　　　―ぶれないコンセプトで地域資源の商品化に取り組む　127
　　地域資源を宝に変える　127
　　物販と観光の新しい関係を開く　132

第4章　プラットフォーム型観光まちづくり組織と推進体制のマネジメント……………135

第1節　何をする組織か　137
　　旅行業の範囲をこえた多様な事業を行う　137
　　ビジネスの主体となる　141
　　地域のワンストップ窓口となる　143

第2節　従来の組織とどこが違うのか　146
　　全体最適をめざす　146
　　自立により顧客志向をめざす　147
　　地域のなかのつなぎ役をめざす　148

第3節　観光まちづくり組織のマネジメントと究極の目的　151
　　持続可能なまちづくりを担う主体をめざす　151
　　究極の目的は新たな雇用の創出　155

第5章　観光振興行政のマネジメント……………157

第1節　観光協会はどこへいくのか　158
　　主要観光地の観光協会の実態　158
　　行政依存ゆえの限界　160
　　あり方を変える先駆的な取り組み　162

第2節　地域の観光振興計画と行政機構が抱える課題　167
　　観光振興計画は、いったいどうなっているのか　167
　　行政が抱える構造的課題　170

観光行政を考える際の、その他の課題　174

第3節　自治体レベルの観光マネジメントは機能しているか　177
自治体レベルの観光マネジメントとは　177
自治体レベルの観光マネジメントのポイント　181

第4節　新しい地域マネジメント主体の可能性　186
対等のパートナーシップの担い手はどこにいるか　186
観光まちづくり組織のパートナーシップの主体としての可能性　188
改めて考えたい2つの質問　190

第6章　観光立国に向けた構造改革　193

第1節　本気度が問われる観光立国　194
観光立国へ向けた取り組み　194
観光立国と観光まちづくり　199

第2節　全産業ぐるみの取り組みへ　204
共存共栄の関係にある交通事業者、交通施設と地域　204
団体旅行のランドオペレーターと観光まちづくり組織　208
他産業との連携によるイノベーションへの期待　210

第3節　顧客志向の推進体制への転換を　215
海外における観光マーケティング組織　215
広域の観光マーケティング組織が不在の日本　217
広域の観光推進体制の再編成を　219
広域DMOの事業の進め方　224
観光協会の改編　231
これから10年の観光振興を見据えて　233

注　234
参考文献　237
あとがき　238

第1章

観光まちづくりによる地域振興の課題

第 1 節

人口減少社会における地域活性化の方策

◆交流人口の拡大による地域活性化への期待

◇交流人口の経済効果

　少子化による人口減少は国内のあらゆる産業にとって避けて通れない課題である。近年、観光が注目される要因も、この人口減少にある。人口が減ることによって地域経済はどのような影響を受け、その人口減少と観光とはどのようにかかわっているのであろうか。

　2008年の総務省「家計調査」によると、定住人口一人当たりの年間消費金額は全国平均で124万円となっている。ということは、あるまちで人口が100人減ったとすれば、（そのまち以外での消費があるとしても）年間およそ1億円の消費が減ることになる。つまり人口減少にともない地域経済が縮小していくのである。そこで人口減少による経済の縮小に歯止めをかけるため、人口が減った分、地域外から来訪者を受け入れ、それら来訪者に地域内で消費をしてもらうことで経済を支えようというのが観光の経済的側面からみた意義であり、地域が観光振興に取り組む理由である。

　2008年の旅行・観光消費動向調査によると国内旅行者数は6億1,645万人となっており、そのうち宿泊旅行者数が3億190万人、日帰り旅行者数

が3億1,455万人。それを消費額でみると総額20.5兆円（宿泊旅行15.6兆円・日帰り旅行4.9兆円）で、一人の国内旅行1回当たりの消費額を計算すると宿泊旅行で5万2,000円、日帰り旅行で1万6,000円となる。これらは目的地までの往復交通費も含まれている数字であるが、日々、観光まちづくりに取り組むみなさんにとって実感としてはいかがだろう。

　一方、海外から日本を訪れる訪日外国人の数は、2008年度は777万人、その旅行消費額は1.3兆円となっている。これらの数字をベースに、減少する定住人口を交流人口で賄いながら地域内の消費（経済）を維持することを考えた場合、日本人旅行者の宿泊旅行者であれば24人、日帰り旅行者だと79人、そして訪日外国人だと7人が来訪すれば、人口が一人減った分の消費（経済）を埋め合わせることが可能となる。これが「交流人口の拡大による経済」の収支である。

◇ **人口減少と消費支出の落ち込み**
　人口減少による経済規模の縮小という課題は、地方だけの話ではない。図1・1は、日本全体の将来人口推計であるが、国全体においても目に見えて人口減少が進んでいく。2011年に1億2,700万人いる日本人が、50年後には9,000万人を割り込むことが予測されている。定住人口の減少という地方が直面している課題は、じつは日本全体で共有し、認識しなければならない課題なのである。

　これをエリア別に詳しくみていくと、北海道、東北、四国において、人口減少が著しく進むことが示唆されている。2000年から2005年までの5年間の人口の推移（表1・1）では、北海道では5万人、四国では6万人、そして東北全体ではなんと22万人もの人口が減少している。先ほどの指標にもとづいて試算すると、北海道では62億円、四国では74.4億円、東北全域に至っては272.8億円もの消費支出が5年間で減少したことになる。こうした人口減少、それによる消費経済の縮小という流れが、これから数十年にわたってさらに進行していくのである。

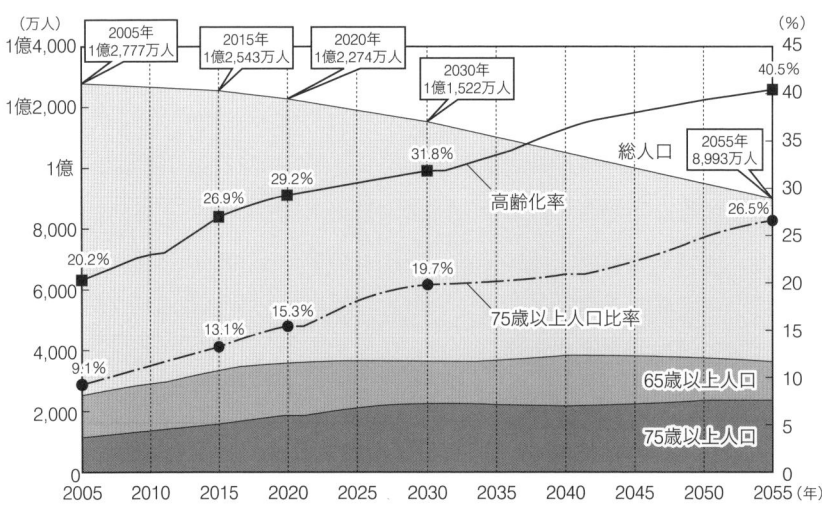

図1・1 2005年から2055年までの人口構成・高齢化率の推移 (出典：国立社会保障・人口問題研究所「日本の将来推計人口」(2008年12月推計)をもとに国土交通省国土計画局作成)

表1・1 2000年から2020年までの各ブロック別人口推移　　　　　　　　　　（単位：万人）

			北海道	東北圏	首都圏	中部圏	北陸圏	近畿圏	中国圏	四国圏	九州圏	沖縄県	全国
実績	2000年	人口	568	1,229	4,132	1,699	313	2,086	773	415	1,345	132	12,693
	2005年	人口	563	1,207	4,238	1,722	311	2,089	768	409	1,335	136	12,777
		対2000年比(%)	－1.0	－1.8	2.6	1.3	－0.7	0.2	－0.7	－1.6	－0.7	3.3	0.7
社人研標準ケース*	2010年	人口	551	1,174	4,287	1,723	305	2,071	754	398	1,315	139	12,718
		対2005年比(%)	－2.0	－2.7	1.2	0.1	－1.8	－0.9	－1.8	－2.6	－1.6	2.4	－0.5
	2020年	人口	517	1,089	4,249	1,677	288	1,984	711	369	1,248	143	12,273
		対2005年比(%)	－8.2	－9.8	0.3	－2.6	－7.5	－5.0	－7.4	－9.8	－6.5	4.9	－3.9

(出典：国立社会保障・人口問題研究所「日本の都道府県別将来推計人口（2007年5月推計）」をもとに国土交通省国土計画局作成)

＊：2000〜2005年の純移動率が今後縮小を続けると仮定して行われた推計であり、具体的には2010〜2015年の純移動率が2000〜2005年純移動率の0.7倍となり（この間の純移動率は直線的に変化）、2015〜2020年以降は2010〜2015年の純移動率が一定であると仮定して行われた推計。

　つまり、日本人1人当たりの旅行回数と平均消費額が、将来にわたっても同程度と仮定すると、国内旅行需要（顧客の絶対数と旅行消費総額）は間違いなく右肩下がりとなる。このままいけば、国内マーケットはゼロサムの競争環境どころか、明らかにマイナスの下降線を描くのである。

さらに、こうした厳しい現実に追い打ちをかけるかのように、近年、若者の旅行離れが加速している。若年層の可処分所得そのものが減少しているという指摘もあるが、旅行に行けるだけの時間と所得を持つ若年世代においても、旅行以外のレジャーをはじめ、ゲームやPC、携帯電話などの通信機器等が主な消費の対象となり、若者のお金がなかなか国内旅行に向かわない。言い換えれば、国内旅行そのものの価値が消費生活全般のなかで相対的に低下してきているということでもある。
　絶対的な需要そのものの減少、価値が多様化した顧客、若者の旅行離れ、といった厳しい現実を認識したうえで、消費者にとって国内旅行が高い価値を有する消費項目に位置づけられるような取り組みが、それぞれの地域に求められている。

◆疲弊する小規模市町村

◇グローバル化
　バブル経済が崩壊しておよそ20年を経たが、地方経済の回復の兆しはいまだ見いだせていない。それには複合的ないくつもの要因があるが、経済のグローバル化はその1つとして指摘される。
　地方経済がグローバルな経済環境にリンクすることで、地域のなかで回っていたおカネはより有利な利回りを求めて世界を駆けめぐる。経済成長の見通しが立たない地域より投資環境の優れたところにおカネは集中する。地方のまちから地方中核都市、さらには東京から世界へとおカネが流れだし、投資環境に乏しい地域内で循環するおカネが減ることが経済縮小の遠因ともなっている。
　大規模な製造業を有する地域を除けば、小規模市町村の多くは、農林水産業・行政・土木建築業・人口規模に見合った商業（サービス業）という主に4つの産業により経済が支えられる構造を有している。しかし近年、一次産業従事者は高齢化し、税収が落ち込む行政には資金がなく、公共事

業が減ることで土木建築業は縮小を余儀なくされている。さらに定住人口の減少が進み、個人消費が落ち込むことで商業規模は縮小の一途をたどることになる。こうした厳しい現実に直面しているのが、わが国の多くの小規模市町村の姿である。

そうした背景のなかで、「観光」に力を入れる自治体が増え、これまで観光にあまり縁のなかった商工会議所なども観光に取り組むようになった。1980年代から各地の観光関係者と仕事をしてきたが、商工会議所が観光に取り組むようになったのは、ここ10年ほどのことである。

行政にも民間にも資金に余裕がないなか、大きな投資を行わなくても、自然景観や歴史文化などの地域資源を活用して来訪者を呼び込むことで、新たな域内消費が生まれることを期待してのことだ。

◇ **自動車社会がもたらした地域の魅力喪失**

バブル経済の崩壊以降、著しく顕著になり、地域経済の課題として認識されているのが中心市街地の衰退である。おそらく全国どのまちでも同様の課題を抱えており、1990年代以降、その再生に向けた取り組みが全国各地で長いスパンにわたって実施されている。

かつて多くのまちでは、鉄道が敷設されて駅ができ、その周辺にまちが広がり賑わいが生まれていった（まちのなかに鉄道が敷かれて駅ができることもあった）。ところが高度経済成長期を経て1980年代に入ると、豊かさを獲得したわたしたちは自家用車をもつようになる。自動車社会が到来すると、それにあわせて社会インフラとして郊外にバイパスができる。利便性が高まることで瀟洒なマンションや一戸建てなど住環境が郊外に整備され、バイパス沿いには駐車場を配した飲食店や商業施設が集積する。そして、中心市街地を避けるように大型ショッピングセンターが建設され、人びとは郊外で暮らし、車で買物に行くライフスタイルが定着していく。

広い駐車場があり品揃えがよく安価で商品が買える大型ショッピングセンターは極めて魅力的だ。その結果、駅前の人通りは著しく減少し、商店

街はシャッターを下ろし、かつて賑わった街並みは衰退していった。

こうした動きは全国に広がり、ついにはどのまちを車で走っても、都市化された似通った風景が続くことになった。これを観光の視点から見

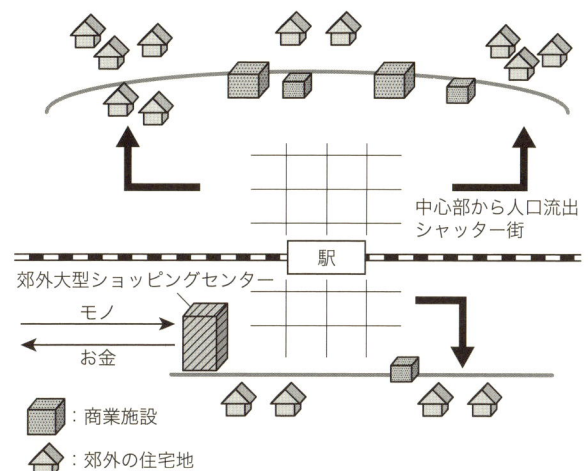

図1・2　自動車化による郊外化がもたらした地域の魅力喪失

ると、非日常に出会うことが旅だとすれば、「まちの顔」となるべき歴史文化や生活習慣を醸し出す建造物や意匠が残されるエリアが疲弊することで、多くのまちが旅先としての魅力と競争力を失っていったのである。

全国一律に同質化されたまちの課題は、観光における魅力の喪失という側面にとどまらず、地域経済が縮小する要因にもなった。大型店の多くは地域外の資本で、そこで地元の人たちが買い物をする商品のほとんどは、地域の外で生産され地域に運び込まれてきたモノであるため、それら商品を購入したおカネは結果的に地域の外へ出て行くことになる。地元の人がせっかく稼いで地域のなかにあるおカネが、地域のなかで回ることなく地域外へ流れ出ていくという構造が加速されることになったのである。果たして地域は、こうした現状をどのように変えていけるのだろうか。

◆必要なのは地域循環型の経済サイクルへの転換

地域経済を元気にするためには、地域循環型の経済サイクルをめざすのが1つの方法である。そのためには、地域資源を活用して付加価値の高い

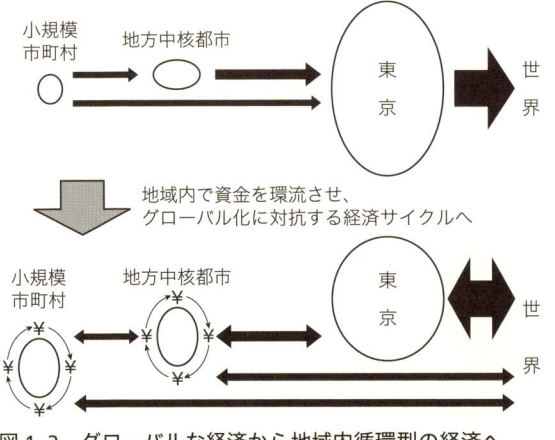

図1・3 グローバルな経済から地域内循環型の経済へ

商品（サービス）を開発し、地域内の産業の垂直化（素材から最終製品にむけた高付加価値化）をめざすのである。地域内での消費を増やすとともに、それら商品（サービス）を地域外にも広く販売していく。さらに交流人口の拡大（観光振興）を図ることで域内消費を増やし、グローバル市場を視野に入れた戦略を立てることも不可欠となる。前述したようにわが国の人口は引き続き減少していくことから、経済成長を続ける中国など海外マーケットを視野に入れて「地域から世界へ」といった事業に果敢に挑戦することも必要になるのである。

そうなると、地元の人にも来訪者にも選択される魅力的な商品（サービス）が、地域のなかにどれだけつくれるかがポイントとなる。そして地域内の事業者や消費者が、地元商品をできるだけ消費して、地域のなかでお金がまわる仕組みに変えていくのである。

たとえば農業で言えば、マーケットニーズにあわせて付加価値の高い商品をつくって売ることである。単体の農産品であれば、ニーズに沿って改良を加えることで100円のものを150円で売れる商品をつくる。また、素材のまま地域外に販売していたものを、一次加工して付加価値をつけて販売する。さらに、地域の食材を使った料理メニューを開発して地域内に素材の販路をつくり、その食を誘因に地域外から人を呼び込むことで域内消費を拡大する。こうしたことが可能になると地域でお金が回りはじめ地域経済が拡大していく。イメージが湧きやすいよう、もう少し具体的なケー

スを用いて説明しよう。

> ケース1

　あるまちに暮らすAさんが、自分のまちには焼きたての美味しいパンを食べさせてくれるパン屋さんがないことに気づいた。調べてみるとまちには良質の小麦生産農家があることが分かった。そこでAさんは、地元産小麦を使ったパン屋を自分でつくることを思いついたのである。
　パンを焼くだけでなく、焼いたパンを販売するお店も出すわけだから、それなりのセンスも必要だ。
　Aさんは、パンを焼く技術を学び、小麦農家とも交渉して仕入れの段取りも整えた。同時にお店をだす場所を探したが、なかなかよい物件が見つからない。そこで市役所に相談したところ、商店街のいい場所にある空き店舗を紹介してくれることになった。
　信頼できる人のアドバイスもあり会社を設立することにして手持ち資金を資本金にあてたが、パンを焼く機材の購入や店舗の改装などの費用を見積もると少しお金が足りない。そこで地元の金融機関から融資を受けることを検討した。融資を受けるためには詳細な事業(資金)計画が必要になるが、そうした経験のないAさんには、なかなかうまく書けない。そこで相談のため商工会を訪ねたところ経営指導員が親切に事業計画書のつくり方を教えてくれた。Aさんはそれをもって銀行に行き、無事、融資を受けることができ、ついに商店街のなかにお洒落なパン屋さんをオープンすることができたのである。
　Aさんの焼くパンはあっという間に地元で人気となり、地元の宿泊施設や飲食店にもパンが卸されることになった。さらに、パン屋の隣に洒落たカフェを併設したことで、地元の人たちが集まってくるようになった。焼きたてのクロワッサンをほおばりながらコーヒーを飲み、

語り合う人びとの姿が増えたのである。そして地元の人だけでなく観光客も立ち寄るようになり、そのエリアに新たな賑わいが生まれることになったのである。

これは、地元の一次産品を加工して二次産品をつくって販売する、さらにカフェを設けることでサービス業である三次産業にまで発展させるというケースである。地域の素材を使って付加価値の高い商品やサービスをつくり、地域のなかで消費していく。そしてそれら商品やサービスは、地元の人だけでなく来訪者にも選択される価値の高いものにして来訪者を呼び込むことで、地域を元気にしていく流れをつくっていくのである。この事例で大切なのは、地元の総合的な支援体制のあり様である。行政が支援し、商工会が支援し、金融機関が支援する、という地域全体で起業支援を行っていく点にある。

ケース2

ある中山間地にある農家のケース。この農家のもつ水田一反からあがる収益を仮に10〜13万円とする。グリーンツーリズムに取り組む地元の団体から声をかけられ、都会の子どもたちの田植え体験を受け入れることにした。自分の水田を使って田植えの指導をすることで一人1,000円の体験料を受け取ることができるという。1回で50人の子どもを受け入れると体験料が5万円になる。1年をかけてその水田から得られる収益の半分を1日で手にすることになるのである。

この農家では、子どもたちが植えた稲を大切に育て、収穫したお米を小分けして子どもたちのお宅に送ってあげることにした。するとたくさんのお礼状が届き「これから毎年、お宅のお米を買いたいから送ってくれないか」という手紙、さらに「またおじさんの村に遊びに行きたいと子どもにせがまれるのだが、遊びに行ってもよいでしょ

か」という手紙まであった。「遊びに来るのはいいけれど、近くに泊まるところがないしなぁ」と農家のご夫婦は悩んだ。そして「うちの家でよければ部屋も余っているので泊まってもらえる」と考え、そうしたご家庭のために自宅を開放して民泊ができるようにした。新鮮な素材をつかったその農家の家庭料理はとても評判になり、リピーターを生むようにもなっていった。

　この農家は、農業という一次産業をベースに、体験サービス、宿泊・飲食、という三次産業に業容を広げることで現金収入を拡大させることとなったのである。

....

　両親のこの取り組みをみていた次世代（息子）が「こうした仕事なら後を継いでもいい」と思うようになるかもしれない。次世代へつながる新しい農家のワークスタイルが生まれてくるかもしれない試みである。

◆地域の農業と観光に求められるイノベーション

　ここで視点を変えて、農業と観光業とを比較しながら、地域経済の仕組みについて考えていきたい。この両者を比較する理由は、ともに地域を支える重要な産業であり、それぞれの産業を少し強引であるが「生産」「流通」「消費」という枠組みにあてはめた場合、少なからず共通点があるからだ。たとえば、どちらも家業が多い、というのも共通点である。

　農業は、お米やお肉、ニンジンやじゃがいもなど、生産した商品を「農協」という巨大組織によって消費地に送り届けていた。生産者は自分のつくったものをどこの誰が食べているのか知らなかった。しかし1990年代に入り、食の安全・安心を求める消費者ニーズが高まり、それら商品の生産過程や品質にこだわる消費者に対して、生産者と消費者が顔の見えるカタチでつながる新たな流通の仕組みが生まれるようになった。近年の農産物直売所の爆発的とも言える人気は、その一端を物語っている。安心・安

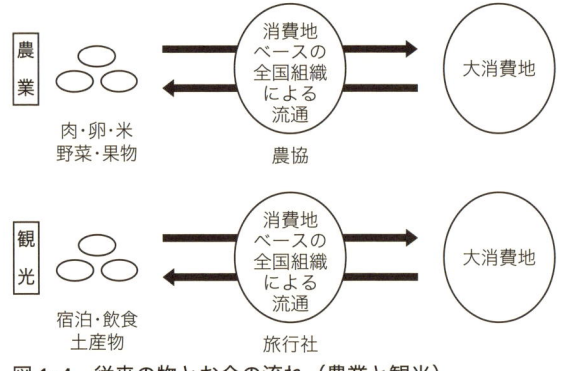

図1・4　従来の物とお金の流れ（農業と観光）

全な食へのこだわりで人気が集まり、急成長した生活協同組合のテレビCMを記憶している人もいるだろう。

　かつて生産したものを農協に卸すだけであった農家は、つくるだけではなく売ることの喜びや、その難しさも学ぶようになってきた。さらに顧客の顔が見えるようになると、そのニーズを直に感じ取り、ニーズにあわせた付加価値をつけた商品をつくって販売する農家も増えるようになる。消費者ニーズが変化することにより、流通の構造も変わり、生産者の取り組み方、農業のスタイルも変わってきているのである。

　同じことが観光についても言える。農業から一歩遅れではあるが、多様化し個別化する消費者ニーズの変化に対し、着地型観光というスタイルで対応する動きが始まった。生産の現場が変化したということである。1980年代後半からバブル崩壊までは、多くの宿泊事業者は旅行会社に部屋を卸すことで部屋を埋めることができた。観光では、農産物の流通を一元的に担う農協に相当する役割が旅行会社であった。農業がその流通を農協に依存していたように、地域の観光事業者も旅行会社に集客を依存する状態が長く続いていたのである。しかし団体旅行の減少により旅行会社からの送客が減るに伴い、自ら集客することが求められるようになった。

　農業がそうであるように、観光においても、消費者ニーズが変化することにより、流通の構造が変わり、生産者（地域の受入）の取り組み方、観光のスタイルそのものが変わっていくことが必要だ。農業の生産者と同じく、観光の現場も旧来の仕組みから脱却するべくイノベーションが求められている。

第2節

地域主導型観光の登場と、その課題

◆地域主導型観光への転換

◇マスツーリズムの行き詰まり

　わが国における国内旅行需要は、バブル経済絶頂期の1990年代初頭をピークに大きな落ち込みを見せ、いまだ回復の兆しは見えていない。団体需要の落ち込み、多様化する旅行者ニーズ、ICT（情報通信技術：Information and Communication Thechnology）の普及による情報化の進展といったマーケットニーズと社会環境の変化に対応しきれない多くの観光地では、来訪者数の減少に歯止めをかけることができない。来訪者が減ることで、宿泊施設や飲食店、土産物屋、観光施設といった観光関連事業者の経営は厳しさを増し、かつて賑わった旅館がいつのまにか暖簾をおろし、飲食店や土産物屋がシャッターを閉め、新たな投資も行われず疲弊した街並みが続く観光地も出現している。

　一方、国内旅行における観光客は、とおりいっぺんの物見遊山の旅から、趣味嗜好に沿った、その地ならではの観光体験を求めるようになり、旅の形態は個別化、多様化が進むこととなった。これまでマスツーリズムの名のもとに、来訪者に対して画一的な対応を担ってきた多くの観光地におい

て、新たな集客の手法と体制づくりが求められるようになってきたのである。

　また旅行会社の視点からみると、旅行の出発地（発地）において商品（パッケージツアー）を造成する体制では、多様化するニーズに応えきれないことから、到着地（着地）の人と組織が中心となって商品を組み立て来訪者の受け入れを担う形態への転換を迫られ、新たな体制づくりに取り組みはじめている。こうした旅の形態は「着地型」と呼ばれ、この言葉は全国に普及することになった。

◇「行こうよ（発地）型」から「おいでよ（着地）型」へ
　この「着地型」と呼ばれる新たなコンセプトの旅、着地型観光とはどのようなものだろうか。まずはこれについて考え方を整理してみたい。
　国内旅行低迷の最大の要因は、旅行者に購入したいと思わせる魅力的な商品が旅のラインナップに見あたらないことである。従来の旅行商品は、マーケットサイド（発地）の旅行会社が、旅先の地域（着地）の観光関連事業者から素材を仕入れてパッケージ旅行をつくりマーケットに販売していた。
　しかし、旅慣れた旅行者が増え、旅行マーケットが変化することで、新たなニーズが生まれてきた。現代の旅人は、美しい景色を眺めて美味しい料理を食べるだけでは飽き足らず、せっかく旅をするなら、地元の人と触れ合い、その地ならではの歴史や文化が体感できる深い体験や新鮮な感動を求めるようになった。旅の形態も、これまでの主流だった団体旅行から、小グループ、カップル、1人旅などへと変化し、さらには、いつ・誰と何を目的に旅するかによって、行く場所も泊まる宿も異なるというふうに、そのニーズは個別化と多様化が進んだ。
　さらにマーケットの変化を後押ししたのが、1990年代に一気に普及したインターネットによる情報化だ。旅行会社のスタッフよりも豊富な情報を持つ人たちも現れてきた。

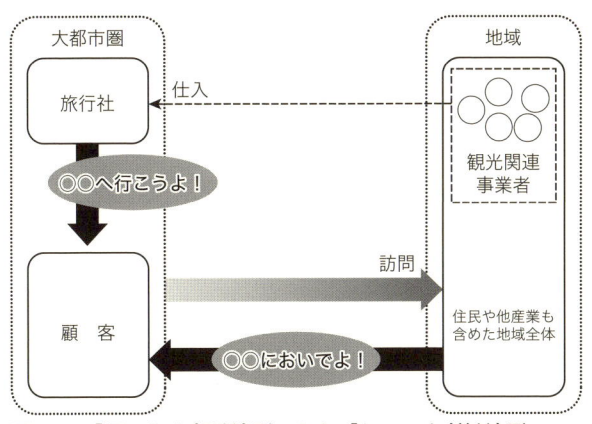

図1・5 「行こうよ(発地)型」から「おいでよ(着地)型」へ

　そうした旅のニーズや顧客の変化に対応するためには、地域の観光関連事業者だけでなく、他産業の事業者や地元住民を含めた地域全体で来訪者を受け入れてもてなす態勢づくりが急務となった。
　旅の形態は、旅行会社が主導する「行こうよ（発地）型」から、地域が主導する「おいでよ（着地）型」が求められるようになった。旅づくりの主体が変わったと考えれば分かりやすい。これが地域主導型（着地型）観光の基本的な考え方である。

◆観光事業振興から観光まちづくりへ

◇振興の主役は観光事業者から地域ぐるみへ

　そもそも観光は、地域の人たちにとって必ずしも歓迎されることばかりではなかった。シーズンともなれば、渋滞が起こる、排気ガスで空気が汚れる、見知らぬ人が近所をうろうろ歩く、ゴミを捨てていく…。これらは観光に関係のない市民からすると喜ばしいことではない。観光客が押し寄せることで地域の伝統的な暮らしや文化が破壊され、地域内の雇用形態が変化するなど人びとの暮らしに与える影響は少なくない。だから地域のなかでは、観光関連事業者と観光に関係のない人との間に大きな溝があった。

さらには、来訪者と地元の人との間にも大きな壁があった。その象徴的な例が、観光客が団体で食事をする食堂やレストランである。どの観光地にも観光客向けの大型レストランがあると思うが、地元の人に「そのレストランで食事することはありますか？」と訊くと、ほぼ全員に近い人から「ない」という答えが返ってくる。では、「どうして行かないのですか？」と問うと、言葉を濁しながらも「ちょっと高いから」とか「だって…、美味しくないから」といった答えが返ってくる。これは観光振興の視点からするとおかしな話である。地元の人が「高い・美味しくない」といっている食事を来訪者に提供しているのである。大型観光バスが停車でき団体客が食事をする場所は、いまも、そしてこれからも必要であることを了解したうえでの話であるが、旅行者の立場からすると少し失礼な話でもある。

　永年にわたって築かれた地域の構図であるが、ここ5年から10年の間に、多くの地域で変化が起こってきている。近年の旅行者は、そうしたことも分かったうえで、観光客向けのレストランではなく、地元の人に人気のある美味しいお店で食事をしたいと考えるようになった。地域の暮らしと来訪者との壁を乗り越えなければ、来訪者に満足してもらうことができなくなってきたのである。そして、これら顧客ニーズに応える流れが生まれてきている。

　図1・6は、縦軸に「集客交流事業（交流人口の拡大）」、横軸に「まちづくり（暮らしの質の向上）」を設定したマトリクスである。従来、集客交流事業はAの領域に位置する宿泊・飲食、観光施設などの観光関連事業が担っていた。しかし近年、Aの領域の人や組織が、まちづくりに取り組む（A⇨B）ようになってきた。来訪者を増やすためには、まちそのものの価値を高めることが必要だという認識が広まってきたのである。また、Dの領域に位置するまちづくりに関連する人や組織も、地域外からの来訪者に地域の魅力を伝えていくことに価値を見いだし、集客交流事業に参画する（D⇨B）ようになった。

　さらに、これまで観光にもまちづくりにもまったく関係のなかったCの

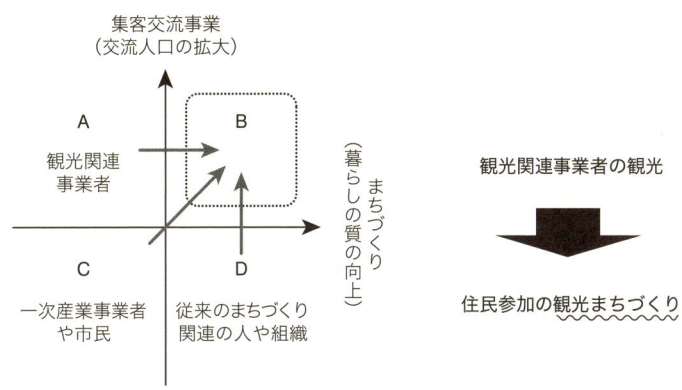

図1・6　観光振興にかかわる関係者の変化

領域の、一次産業の事業者や、地域に精通した「達人」など多種多様な人や組織も、集客交流事業やまちづくりの担い手として参画する（C⇒B）ようになってきたのである。つまり、観光関連事業者が主導する観光振興から、他産業も含めた複合的な人や組織が参画する観光まちづくりへと変化してきたのである。

　2006年に定められた「観光立国推進基本法」において、わが国がめざす観光のあり方（基本理念）として「住んでよし、訪れてよしの国づくり」という言葉が記されている。図1・6のマトリクスで見ると、横軸の右に向かって進めるまちづくりの取り組みが「住んでよし」であり、縦軸の上に向かって来訪者を増やす集客交流事業の取り組みが「訪れてよし」となる。つまりこの観光まちづくりの取り組みは、観光立国の基本理念に沿った取り組みだともいえる。

◇観光行政の領域、担い手の多様化

　地域そのものの価値を高めることを意図して観光関連事業者が「まちづくり」に取り組む動きと並行して、「観光まちづくり」の取り組みは、疲弊する地域経済の活性化の手段として自治体の重要施策にも位置づけられるようになっていった。

小規模市町村の多くは前述のとおり、地域内で価値をつくりだし、富を生み出す仕組みづくりを迫られている。定住人口の減少はますます進み、個人消費が落ち込むことで経済規模は縮小の一途をたどっている。人口減少による経済の衰退に歯止めをかけるためには、地域外から人を呼び込み、それら来訪者の域内消費により経済を支えようとする取り組みが、地域振興施策として広く認識されるようになった。そして、これら取り組みにおいては、長期滞在や2地域居住、移住・定住といった新しいテーマが重要になるので、従来の意味での観光とは異なる行政部局とも連携して進めることが重要となる。

　わが国では、リタイア後に海外暮らしを楽しもうというシニア層が年々増えているが、近年、滞在先として人気が高まっている国はマレーシアだ。これら日本人シニアの長期滞在に関するTV取材に応じてコメントする人物は、同国の観光大臣だったり、観光部長だったりする。つまり数か月から1年単位の長期滞在も観光部局の仕事なのである。さらに地方の中小規模市町村における基幹産業である一次産業を基盤とした経済振興という視点からは、事業の高度化と高付加価値化をめざす六次産業化の取り組みが広がりを見せているが、こうした活動も観光振興と切り離しては考えられない。

　地域においては、「国内観光振興＝国内旅行振興」という従来の図式を描き改め、「観光まちづくりによる地域経済の活性化」という、より裾野の広い地域振興の取り組みとして位置づけることが必要となってきている。つまり、従来の観光振興の主役であった「旅行会社」に代わり、望むと望まざるとにかかわらず、「地域」が観光振興の主役の座に躍りでることとなったのである。

◆地域に欠けている主体的・戦略的な集客のノウハウと仕組み

　しかしながら、そのことによって地域は大きな「壁」に直面することに

なる。つまり地域自ら集客に努めなくてはならなくなったのである。ところが多くの観光地（地域）では、旅行会社から送客を受ける経験はあっても、主体的・戦略的な集客のノウハウやそのための仕組みは整えてこなかった。だから、なにをどのようにすれば地域に人を呼び込むことができるのか、来訪者が減少しはじめて以来、20年の長きにわたって模索する日々が続いたのである。そして「着地型観光」「地域資源活用」という概念の普及にともない、この十数年の間、地域資源を活用し、体験プログラムに代表される地域コンテンツを揃える取り組みが各地で進められることになる。

しかしながら、教育旅行の受け入れや、一部のリゾートエリアや大都市圏における現地発着ツアーなど少数の事例を除くと、人びとの懸命な努力にもかかわらず、それら取り組みによって来訪者数が拡大傾向に転じたケースは必ずしも多くないというのが実情だ。地域のさまざまな資源を編集加工して商品（サービス）をつくり、適切な市場にプロモーション活動を展開して販売することで来訪者を増やす、という一連のプロセスは、じつは地域にとって未知の経験だったのである。そんな地域の現場においては、過去の成功体験に縛られ旧来の思考の枠組みから抜けだせない地域があるかと思えば、強い郷土愛や地元の都合を取り組みの根拠にすることで顧客ニーズに向き合えない地域もあり、多様化・個別化が進むマーケットに対して、真に顧客の方を向いたマーケット志向のアプローチ手法を見いだすには至っていない。

「交流人口の拡大による地域活性化」という大命題の主役を担わされた「地域」は、どうすればこのような状況からブレイクスルーを遂げ、成果のあがる体制に転換していくことが可能なのだろうか。地域主導型の観光振興が成果をあげるには、地域への思いは欠かせない要素であるが、その熱い思いを成果に結びつけるための科学的なアプローチ手法の導入が必要であり、客観的なデータをもとに計画を立案し、その計画を効果的に推進して成果を生み出すマネジメントの要素も不可欠となってくる。閉塞状況を打破する糸口を探るべく諸外国に目を向けると、少なくない観光地におい

て観光地全体のマーケティングを担うDMO（Destination Marketing Organization）という機関をはじめ、地域への集客や観光資源のマネジメントを担う機関（総称としてDMO：Destination Management Organization）が存在しており、観光地の集客促進に重要な役割を担っている。わが国においては、いまのところこうした機関は存在しておらず、汎用性の高い観光マーケティングの手法そのものも普及していない。

　本書では、観光地域振興における行き詰まりを打破する方策を探ることを目的とし、観光地域振興の推進体制に内在する課題を明らかにしつつ、新たな推進体制の構築に向けた議論を深めていきたいと考えている。そして、従来の枠組みや推進体制そのものの見直しを行うにあたり、マーケティングとマネジメントという、2つのキーワードを議論の中心に位置づけている。

　第2章では、わが国においても一般企業において広く活用されているマーケティングの概念を整理し、それを観光地の集客促進に応用する方法について具体的に考えていきたい。そして第3章と第4章では、ここ10年から15年の間に、地域が主体的に観光まちづくりを進める主体として、新たに台頭してきたプラットフォーム型の事業組織（観光まちづくり組織）の事例に学びながら、地域主導型観光振興のブレイクスルーへのヒントを探っていくこととする。

第2章

地域への
マーケティングの導入

第1節

商品をつくって売るということ

　行き詰まりを見せる地域主導型の観光振興を、一歩でも前に進めるために、極めて有効と思われるのが、広く企業などでも実施されているマーケティングの手法を応用して観光地域づくりに導入することである。本章では、その具体的な方法について順をおって考えていきたい。

　全国を見渡すと、地域資源を活用した取り組みの、すべてがうまくいっていないというわけではない。そこでまずは、地域で商品をつくり、それらが顧客の心をつかみ、集客に成功している事例を詳しくみていくことから、観光マーケティングの導入についての議論をスタートしたい。

　地域資源を活用して、商品（サービス）をつくり、それを販売して集客を図るという取り組みは、着地型観光という言葉が生まれる以前から行われていた。その取り組みを行ってきた事業主体は、森や海や川・湖沼といった自然環境（地域資源）を活用して商品をつくり、集客を図る活動を展開する「自然学校」である。

　全国に4,000ほどあるといわれている自然学校だが、その多くはなかなか採算にのらず、ボランティアベースの活動が多いようだ。そのようななかで、株式会社の形態をとり、10人の常勤雇用者を抱えて幅広い事業を展開している組織が、富士山のふもと河口湖畔にある。

◆ケーススタディ：㈱エコビジョンブレインズのマーケティング

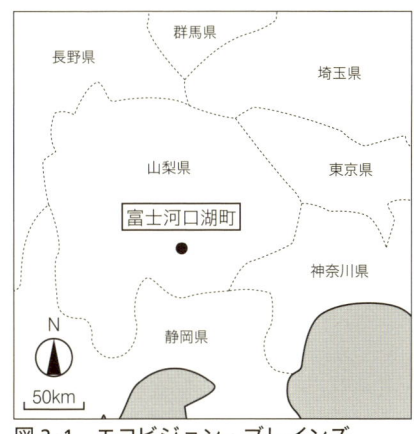

図2・1　エコビジョン・ブレインズ

- ●㈱エコビジョンブレインズ
- ・1998年設立、代表取締役　田村孝次
- ・山梨県南都留郡富士河口湖町大石
- ・首都圏から100km圏内。新宿駅西口より高速バス、送迎バスで約100分
- ・自然体験推進事業(約3万人受け入れ)、サスティナビリティー社会形成推進事業、宿泊施設運営（1軒所有）、管理事業、営業企画事業を実施、2万5,000坪の山を所有
- ・常勤社員10名、年商約1億円

◇自然体験を事業化するアイデア

㈱エコビジョンブレインズを率いる田村孝次さんは1963年生まれの東京出身。大学を3か月で中退して自動車部品の会社を興し、イギリスを拠点に活躍していたが、1996年、11年間経営した会社を売却して帰国する。その理由は2つ。イギリスではちょうどEUの通貨統合に参加するか否かで経済が混とんとしており、イギリスの伝統産業が海外資本に吸収されていくのを目の当たりにして、このままでは他国に押し潰されてしまうと危機感をもったからだ。もう1つが、「自然を大事にし、自然資源を使った仕事がしたいと思うようになったこと」（田村さん）。いまでこそ、エコカー、ハイブリッド車開発にメーカー各社はしのぎを削っているが、当時は「自然に優しい自動車」という発想はあり得なかった。なぜなら、レアメタル、石油など自然資源をたっぷり使ってできたものが自動車だからだ。

長い海外生活で、自然体験が日本でも事業化できることを予感していた田村さんは、カヌーなどのアウトドア体験を中心としたサービス業を興すことを考えた。帰国後、まずは場所選びで1年近く全国を行脚する。しかし求める「観光資源が豊かでかつ自然資源が総合的に優れている地域」は、

富士河口湖 (提供:㈱エコビジョンブレインズ)

富士山麓に位置する富士河口湖町は、人口2万3,943人(2005年)。富士五湖(富士箱根伊豆国立公園に指定)のうち河口湖、西湖、精進湖、本栖湖の4つの湖を擁する国際観光地である。世界に誇る富士山がもたらす豊かな森と水という超一流の資源を抱えている。観光入込客数も、ここ数年、順調に推移しているが、その大部分が日帰り。宿泊客・リピート客の確保が課題となっている。

なかなか見つからなかった。

　山梨県富士河口湖町に拠点を定めたのは、まったくの偶然からだった。山梨県南東部、富士山麓に位置する富士河口湖町は、富士五湖のうち4つの湖を擁する国際観光地である。昔から釣りが趣味で河口湖を訪れていたが、ある時、湖を一周してみると、周辺にアウトドアで遊ぶための道具を貸してくれる店の看板が一切見当たらず、自然を活用したビジネスがないことに気がついた。田村さんは、その後すぐに河口湖畔に滞在して周辺を調査。そして素早く決断。1998年、有限会社カントリーレイクシステムズ(2008年に㈱エコビジョンブレインズに組織変更、改称)を設立した。

◇多彩なプログラム展開と価格設定の秘密

　最初につくった商品はカナディアンカヌーだった。その後、マウンテンバイク、富士山の洞窟体験、バギーと少しずつメニューを増やしていった。現在では、アウトドア体験のほか、エコツアーや農林業の体験プログラムもラインナップされている。

　2010年に創業13年を迎えるが、1万5,000人の修学旅行客を含め年間3万人の参加者を集めている。常勤社員は10人で、年間売上は約1億円。アウトドア・プログラムのほか、プランニングやコンサルティング事業、さ

らに簡易宿泊施設の宿（100人収容・7部屋）をもち、飲食のサービスも行う。一方、公的施設を管理運営する指定管理は行っておらず、公的補助も一切受けていない。

同社が成功している秘密はどこにあるのか、まずは表2・1の個々のプログラムを見てほしい。

プログラムごとに用意している機材の数が圧倒的に多いことに驚く。田村さんは「40というのは1つのハードル」という。個人客を対象としてスタートしたのだが、思いきった投資により数を揃えたことで、大型の団体

表2・1　エコビジョン・ブレインズの主な体験プログラム

● 4輪バギー
自社で所有する2万5,000坪の山を使ったプログラム。1台300万円のバギーを6台所有。1年目の利用者は800人だったが、2年目は1,000人、3年目は1,200人、そして4年目で1,400人の利用者を獲得し、担当者2人で1,000万を超える売上をあげている。
● カヌー
1艇25万円のカヌーが50艇あり、年間6,000人が利用している。
● カヌー犬養成講座
愛犬と乗るカヌー体験は人気商品。1時間のレッスンと3時間のフリータイムで1万500円。
● マウンテンバイク
1台8万円のマウンテンバイク（MTB）が60台あり、年間2,000人が利用。MTBはメインテナンスが必要であり、部品の供給体制も確保しなくてはならない。安いものは修理がきかないので、品質の高い国産メーカーからハイクオリティのものを安定的に仕入れている。
● フィッシング
河口湖はバス釣りのメッカであり、150本の釣り竿がある。
● ほうとうつくり体験
武田信玄ゆかりのほうとうを使った地元ならではの食文化体験。400人分の機材があり、年間2,500人が参加している。
● 洞窟探検
非日常体験として人気が高い。
● 8輪バギー
災害救助用の8輪バギーが1台ある。30分2,100円という価格設定。アンケートをとり90％以上の人が「お金を出しても乗りたい」と回答したことから商品化に踏み切った。
● その他
ノルディック・ウォークのポールや、スノーシューも40人分用意している。

8輪バギー (提供:㈱エコビジョンブレインズ)

洞窟探索 (提供:㈱エコビジョンブレインズ)

客である教育旅行という新たなマーケットに対応できるようになった。購入した機材の減価償却が終われば、各プログラムの原価はほぼ人件費だけになる。同社の経常利益は46.7％に達し、現場スタッフには、大都市圏の企業にも引けをとらない給与が支払われている。

◇どうすれば売れる商品がつくれるのか

集客できる商品づくりの秘訣を田村さんは、「集客能力がありそうなものを思いつくままに列挙して、そこから組み立てて行く作業が現実的」という。商品づくりを学ぶ参考として、レンタル・カヌーを例にとりあげてみたい。

同社では、レンタル・カヌーを商品化し、当初は3時間4,200円というパッケージからスタートした。しかしなかなか人が集まらない。そこで、河口湖周辺の来訪者の行動パターンを分析し、2時間3,150円というパッケージに変更した。すると一気に利用客が増えた。河口湖周辺にくる来訪者の多くは、日帰りか1泊2日がほとんど。来訪者の河口湖エリアでの行動パターンを考えると、2時間という時間設定とその価格が顧客ニーズに合致したのである。

ちなみに「いま関西でバギーを始めればヒットする」という。バギーは、まだ日本では歴史が浅く、需要に対して供給が少ないというのだ。

数年前、北関東エリアでバギーの事故があり、河口湖のフィールドをつ

かって事故を検証するテレビ番組が放映された。「明日からお客さんは来ないかもしれない」と心配していたところ、翌日以降、電話が鳴りやまなかった。ほとんどが「そんな遊びがあるのを知らなかった」という電話だった。「その潜在的なニーズの高さを実感した」と田村さん本人も驚いた。

　ならば、全国あちこちでバギーを始めればよいのかといえば、「おもしろいと思ってもらえる商品でなければ人は来ない」という。大事なのは、その商品を企画し動かす「人」だ。ハードを揃えれば客が来るというほど単純ではない。プログラムというソフトを使いこなす「人」が鍵になる。人が、ソフトを使ってハードを動かしていく高度な仕組みが必要なのだ。

　同社のバギー・プログラムは、バギーならではの刺激を楽しんでもらうため、フィールドに、かなりの急傾斜の細かい道が刻んである。オールテラインビークル（ATV）を味わってもらうためだ。そうした工夫が、随所に施され、優秀なインストラクターの手でプログラムが運営されてはじめて顧客の満足を得ることができる。バギーの償却が済めば原価は人件費の

4輪バギー（ATV）（提供：㈱エコビジョンブレインズ）

み。お金をかけず、アイデアと人材育成だけで「売れる着地型商品」はできるという見本だ。

　こうした同社に注目し、大手ゼネコンA社が、バブル期に購入した北関東エリアの広大な土地開発の相談に訪れた。A社では、土地のそのままの自然を活かし、いかに収益を上げるかを4年かけて研究したが、よい答えが導き出せなかった。そこで、300万円の投資で年間1,400万円を売り上げる同社に、バギー・プログラムのマネジメントを依頼したのである。

　首都圏から約1時間と地の利がよく、調べてみると、担当者1名で充分現場を動かすことができそうな、自然のままの、まったく手をつけていない山だった。ほったらかしの山が、大きなマーケットを抱えて眠っていたとも言える。

　「地元の人にとっては、地域にある自然や歴史や文化は当たり前すぎて、それが商品になるという視点がなかったりするんですね」(田村さん)。そのほか、近年、企業のCSR活動として森林保護活動が広まってきており、同社では「企業研修」として人工林の間伐作業を行うプログラムを4社から請け負っている。

◇ **売るための情報発信と流通チャンネルの構築**

　エコビジョンブレインズのプログラムづくりについてみてきたが、多くの地域の人が実感しているとおり、じつは商品をつくることより売ることのほうが、ずっと大変である。果たして同社では、商品をどのように広報宣伝し、販売しているのであろうか。

　まず、お金をかけずに認知度を高めたいなら、テレビや新聞・雑誌などのメディアに取材してもらえれば好都合だ。めずらしいサービスや商品であったり、話題性があればメディアも取りあげやすい。実際、同社では売り込みをしていないにもかかわらず、メディアからの取材が多いという。次に、メディアに対するPR活動以外に、少ない経費で情報発信を考えるならインターネットが思い浮かぶ。しかしながら「自前のホームページを

つくって情報発信をしても、そう簡単にヒット商品は生まれないし、決定的な集客にはつながらない」というのが田村さんの意見だ。

　もし自社単独での広報や営業に限界があるとすれば、顧客を抱えている組織や、専門特化している他の事業者と協力関係を結ぶことも必要である。商品を販売してくれるマーケットプレイスや販売代理店を探すということだ。

　たとえば、宿であれば「じゃらん」や「楽天」、体験旅行系では、「ティー・ゲート」（近畿日本ツーリスト）や「旅プラスワン」（ホワイト・ベアーファミリー）といったインターネット事業者がある。同社は、こうしたインターネット事業者をはじめ、旅行会社（リアルエージェント）とも提携しており、「Aユニット（体験の達人）」（JTB）とは10年以上の協力関係にある。

　これら外部組織と提携することで相当数の集客を実現している。「やはり旅行会社が持っている情報発信力、送客力には強力なものがあります」（田村さん）。商品の流通チャンネルとして、多様な事業者と幅広く提携することも、高い集客力を誇る要因の1つである。

◇地域内のポジションを見極め、協力態勢を築く

　同社のプログラムに参加する人のなかには、河口湖に来る前から予約申込みをする人もいれば、河口湖に来てから、同社のプログラムを見つけて申し込む人もいる。

　同社のプログラムが高い集客力を誇るのは、個々のプログラムそのものの魅力に加え、立地条件によるところも大きい。河口湖は、年間1,100万〜1,200万人が訪れる大型観光地である。河口湖に来ている膨大な数の観光客に対して、プログラムに申し込んでもらうため、地域内のネットワークをうまく活用している。

　田村さんは、富士河口湖町に移り住んで以来、地道に地域活動に参加し、他業種の人たちとも対話を欠かさず信頼関係を築いてきた。その地道な努

力によって、いまでは快くチラシ設置にも協力してくれる。ただ、地域内のネットワークは、時にしがらみに縛られ事業展開の壁になるときもあることから「必要なタイミング、必要な時間だけ、手を組むようにしている」という。

　教育旅行を扱う場合は、自らの宿には泊めずに地域内の別の宿を紹介し、食事も地域の飲食店を紹介する。体験型サービス事業者としての専門性に特化し、他の事業者と提携・分担することで、地域に利益を還元して信頼関係を築いている。地域内の自社ポジションを見極め、地域と共存共栄を図ることを重視しているといえる。チラシ設置に協力してくれる飲食店は、実際に田村さんの家族やスタッフが利用して、気に入ったお薦めの店でもある。安心してお薦めできる地域の店で、自社の宣伝をしてもらうことは、顧客からみて同社に対する信用獲得にもつながっている。

　ちなみに、同社のパンフレット発行部数は年間3,000部と極めて少ない。そのパンフレットにはプログラムの詳細が掲載され、個々のプログラムごとにQRコードが印刷されている。体験型の商品は、未体験の人には文字だけだとイメージがわきにくい。そこで楽しいイメージがわくよう画像や動画を活用するといった工夫を凝らしている。

◇プロのインストラクターが必要な理由

　同社の扱う3万人の顧客のうちリピーターは約16％。同社の売りは、「顧客からの予約は絶対に断らず、どの商品も『お1人さま』でも受け、すべて催行すること」だ。それがリピーター獲得につながっている。

　一般的に、こうした体験型サービス事業者のなかには、自社でインストラクターを抱えて自前のプログラムを販売するところと、南信州観光公社（第3章ケース4）のように、地域のさまざまな人や組織をコーディネートはするが、自社で現場スタッフは抱えない、といった2つのパターンがある。なぜ、エコビジョンブレインズは前者を選んだのか。

　「リピーターやファンを増やすことを考えると、サービスの精度を上げ

なければなりません。それはプロでなくては無理なのです。うちのお客さまを見ていても、体験の要求度はどんどん上がってきています」（田村さん）。同社の主要顧客は、アクティブなアウトドア活動を好む、個人および小グループ（2〜6人程度）。首都圏から車で1時間あまりの距離に住む30代が中心だ。その多くは、単純な体験ではなく、ハードルの高いものを求めるという。「提供する体験は本物であるべき。そのためには、指導力のあるインストラクターが必要です。さらに無料のプログラムには旅行代理店も飛びつきません。価格が高いほど代理店の手数料も増えますから」。ボランティアのインストラクターでは、それが不可能というわけだ。

◇ **基本理念は環境アセスの考え方**

　事業展開や商品づくりにおいて大事なことは、6W2Hだと田村さんは言う。「何を（what）」「いつ（when）」「どこで（when）」「誰が（who）」「誰に対して（whom）」「なぜ（why）」「どうやって（how）」「いくらで（how much）やるのか」。さらに、アウトドア活動では安全管理が最重要項目なので、1S（safety：セイフティー）を加え、最近では、E（environment：環境）も追加して、E（6W＋2H＋1S）をめざしている。

　田村さんは、かつて廃油を集めてキャンドルをつくるといった公益的な活動を行っていた。それが小泉政権の地域再生政策として目に留まり、広報誌に載せてもらったところ、メディアからどんどん取材依頼がきた。しかし何年か続けるうち、「待てよ」と思うようになった。

　キャンドルを湖畔に3,776本並べるのだが、その配達に軽自動車6台を走らせ、イベント中のスタッフが食べるコンビニ弁当のケースや割り箸がゴミとしてでる。「表面的には良いことをやっていても、これで自然のことを考えていると言えるだろうか」と考え込んだ。

　そこで、活動指針に「E」を加えた。「環境アセスの考え方です。たとえば、貴重な水が湧いているところを重機でおこし、会場として整備すれば、たとえそのプログラムが自然に目を向けるものであっても本末転倒です」。

さらに、環境にこだわり続ける理由をこう説明する。「最初は自然を使って、お金儲けをしていると言われた。でも、僕たちが自然に介入することで、自然を管理しているという筋を通してきた。使わなければ自然の状態は悪くなる。立ち入り禁止にしても、そこが死角となってゴミ捨て場ができたりする。人の管理なしには自然は守れない。2万5,000坪の山を購入したのは、国立公園や、他人の山では環境に目を向けさせ、手をかけ続ける仕組みができないからです」。

◇科学的なアプローチによる経営

　全国に自然学校と呼べる組織は約4,000あるといわれている。しかし、田村さんのようにビジネスとして事業展開できているところは数少ない。自然体験教育、冒険教育、生活体験など分野も分かれており、収益を上げることを重視していない事業者も少なくない。非営利であろうが営利であろうが、要は経営者がどう考えるかである。経営者の考え方しだいで、事業展開の仕組みも組織形態も変わってくる。エコビジョンブレインズは、自然体験に関する専門事業者という立場で、地域の他の事業者と連携して株式会社として自立経営するスタイルをとっている。

　田村さんは「事業を成功させるのは科学だ」という。成功するためには、どんな要素が絡み合っているか素直な目でよく見ていくこと。自分の地域の活動に必要なものが見えてくる。「まずは、やろうと決めてとにかくやること。あとは担当者1人が食べていくためには、どのぐらい売上があればよいのかを計算して価格設定する」というビジネスの基礎とともに、前項で紹介したように「環境との共生」という基本理念がしっかりした「ブレない経営」こそ、成功の大きな要因であろう。

◆着地型旅行商品群が集客に苦労する理由

◇体験プログラム担当者の嘆き

　ここ10年ほどの間に全国各地で、一種の流行のように体験型プログラムが量産された。そして、エコビジョンブレインズや、沖縄などのリゾート地で販売される現地発着ツアー、日本最大級の観光地・東京の「はとバス」、最近では、工場群の夜景を鑑賞するクルーズなど、その魅力的な商品により、多くの顧客から好評を博している。また、地域が一体となって修学旅行生の受け入れに取り組む、いくつかの地域では、地元の人と生徒がともに深い感動を共有してリピーター化するケースも少なくない。

　しかしながら、その他の多くの地域では、「体験プログラムに人が集まらない」「旅行会社と共同で着地型旅行商品をつくって販売したが売れなかった」という声を聞くことが多い。着地型の名のもとに地域資源を活用して商品をつくってみたが、多くの地域では、集客に苦労しているのが現実なのである。いま一度、これらの現実を直視して立ち止まり、じっくり考え直す時期に来ているのではないだろうか。

　体験プログラムになかなか人が集まらないと嘆く担当者に「誰にきてほしいのですか？」と問うと、一様に「誰でもいいです」という答えが返ってくる。各地で話を聞くと、顧客がはっきり見えないままに商品をつくっているケースが圧倒的に多い。それら体験プログラムに、お金を払ってでも参加したいと思ってくれる人が、どこにどの程度いるのかを見極めることなく「提供者（地域）の論理」で商品をつくってパンフレットに掲載してきたのが実際のところではないだろうか。つまり、これら体験プログラムに集客できないのは、「需要」を考えない商品づくりに起因すると考えられる（需要とは、それを購入したい人がどこにどれだけいるのか、という、いわゆる市場のこと）。

　さらに、体験プログラムに集客できない、もう1つの要因として、それらが事業として成立する仕組みのなかで動いていない点も指摘しておきた

い。もし、ラインナップされた商品が、1つも売れなかったら会社が潰れる、または失職するという状況だったらどうなるだろう。おそらく、必死になって売れる商品をつくり、必死になって買ってくれる顧客を探しだすだろう。さらに売れない商品はリストから外すに違いない。

ところが、売れても売れなくても、同じ商品をつくり、同じような商品群が繰り返しパンフレットに載り続けているのは、持続可能な事業として成立しているとは言い難い。経済原則に則っていないということでもある。

◇企業におけるマーケティングの概念を応用する

地域主導による集客交流事業を推進するためには、「商品をつくる」「商品を売る」「顧客をもてなす」という3つの機能を、地域内部に持つことが必要不可欠となる（図2・2）。しかし、体験プログラムの例からも、「商品をつくって売る」ということに関して、その経験やノウハウが地域のなかに不足しているのは明らかである。

従来の集客交流事業の多くは、商品（サービス）の供給主体と販売主体が異なるケースが少なくなかった。しかし、地域主導型の集客交流事業を推進するためには、商品やサービスをつくって売る、もしくは集客できる仕組みをつくり、プロモーションを行って来訪者を集めるといった「機能」を地域内部に整えることが必要だ。地域にとっては、まさに新たな試みへの挑戦といえるだろう。

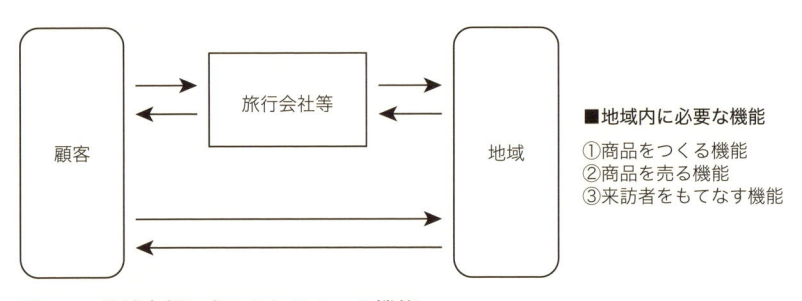

図2・2　地域内部に求められる3つの機能

■地域内に必要な機能
①商品をつくる機能
②商品を売る機能
③来訪者をもてなす機能

この「商品やサービスをつくって売る」ということは、一般的な企業活動におきかえると「マーケティング」という概念に相当する。観光とは異なるが、スポーツの分野においては、このマーケティングの導入により、新たな様相が生まれてきている。人気の低迷が指摘されて久しいプロ野球だが、2004年の球界再編以来、セ・リーグに比べて観客動員数が少なかったパ・リーグの人気が回復してきている。2004年に札幌に本拠地を移した日本ハムは、2005年から2007年にかけて平均観客数が約2万人から2万5,000人へ、年間総観客数が137万人から183万人に増加した。同様、千葉ロッテも、さいたま西武も、観客動員数を拡大させている。その最大の要因は、スポーツマーケティングを活用した地域密着型と呼ばれる地元ファン志向の球団経営に取り組んだことにある。
　地域主導型の観光振興が行き詰まりを見せるいま、体験プログラムなど商品への参加者数を増やし地域への来訪者を増やすためには、商品開発も含めた広義の意味でのマーケティングについて、そのノウハウを学び、それらを応用するスキルを身につけることが、1つの突破口になると思われる。
　そこで、次節においては、多くの企業で活用されているマーケティングの手法を応用し、地域が主導的な役割を果たし、商品（サービス）を開発して販売していくという、地域主導型の集客交流事業を展開するための方法論について考えていきたい。

第2節

集客交流における地域マーケティングの考え方

◆地域のマーケティングの基本的な考え方

◇マーケティングとは何か

　まず最初に、基本的な考え方について簡単に整理しておこう。

　成熟した消費社会となった現代社会では、モノやサービスが市場にあふれていて、「いいものをつくれば売れる」「安ければ売れる」とはいかなくなった。つまり、地域の側で、一方的に「何が売りたいのか」を考えるだけではなく、来訪者は「何が欲しいのか？」「なぜ欲しいのか？」を考えることが集客交流事業の成功へ向けた第一歩となる。

　地域主導型の観光振興を図るためには、地域に存在するあらゆる資源の価値を精査し、マーケットに合致するよう磨くことで地域そのものの価値を高め、地域資源を活用した商品（サービス）をつくり出し、その価値に共感する顧客を探して営業（販売）する、という一連の流れが必要となる。

　もしくはその反対に、地域に来てほしい顧客をあらかじめ設定し、その顧客の求めているものを見つけだして地域資源を加工編集することで、商品（サービス）をつくり出していくという、顧客ありきの考え方も必要になってくる。

```
                    ┌─────────────────────────────────┐
                    │ 買い手   Customer（顧客）         │
                    │         Place（市場）            │
                    └─────────────────────────────────┘
                         ↑         ○          ↓
    プロダクトアウト型        Promotion（販売促進）     マーケットイン型
    市場が要求する→                              ←顧客が要求する
    ニーズが明確                                   商品を企画
                         ↑                    ↓
                    ┌─────────────────────────────────┐
                    │ 売り手   Product（商品・サービス）│
                    │         Price（価格）            │
                    │         Cost（原価）             │
                    └─────────────────────────────────┘
```

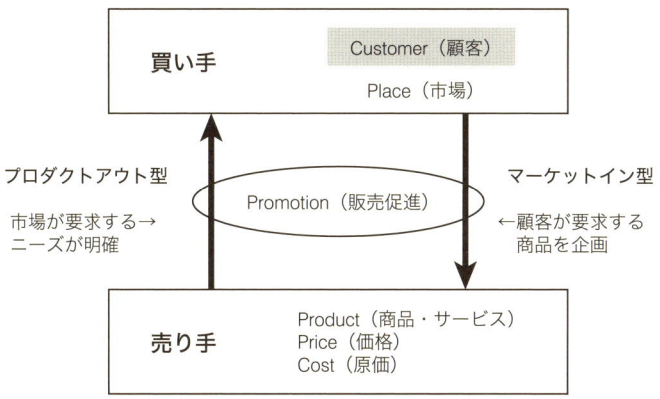

図2・3　モノを扱うマーケティングの要素「4Pと2C」

　なお、マーケティングと聞くと、広報宣伝や販売促進活動などをイメージしがちだが、ここではマーケティングを、消費者ニーズを探り出し、適切な商品（サービス）を開発し、効果的に顧客に提供するために必要となるすべての営みを含んでいる、と広義に捉えて議論を進めていきたい。

参考「マーケティングの定義」

....

　「消費者のニーズやウォンツ（好みや欲求）が、どのようなものであるか、どう変化しているかを探り、それに応える商品やサービスを計画し開発して、それを広告・販売していく活動」

　　　　　　　　　　（出典：相原修『マーケティング入門』日経文庫 1989年）

....

◇プロダクトアウトとマーケットイン

　マーケット（市場）が要求するニーズが明らかな場合は、そのニーズに合った商品をつくれば売れていく。高度経済成長期は、売り手主導でモノをつくれば売れる時代であった。日本人のだれもが、テレビやラジオ、洗たく機、冷蔵庫などの家電製品を欲し、どんどんつくれば、どんどん売れ

た。これは、「プロダクトアウト」と呼ばれる製造販売の仕組みである。

ところが、すでにご承知のとおり、現代の旅人が求めるものは極めて多様化している。十人十色どころか、一人十色といえるほどに個別化している。そんな時代に、顧客をひとくくりにして、不特定多数を対象とした旅の商品をつくっても、そう簡単に売れないのは当然とも言えるだろう。顧客の要求（ニーズ）をもとに、顧客目線で地域資源の商品化を図っていくことで売れる商品（サービス）をつくっていく。これが「マーケットイン」の考え方である。

ニーズの多様化にもかかわらず、国内のいたるところでプロダクトアウト型で体験プログラムを量産してきた。地域資源を活かした体験プログラムなどの商品（サービス）を、売れる商品に変えていくためにはマーケットイン型の発想が必要となってくる。

ちなみに、マーケットインの考え方をさらに押し進め、顧客1人1人が望む商品やサービス内容に応じて、個別に対応を図っていく1対1の対応を「カスタマー・イン（またはワントゥーワン）」と呼ぶ。

マーケティングの基本姿勢

◇プロダクト・アウト
　自社の販売・生産計画に基づいて市場へ製品やサービスを投入するという考え方。

◇マーケット・イン
　はじめに顧客ありきで消費者ニーズをくみ上げ、それを商品というカタチにして市場に出すという「はじめに顧客ありき」という考え方。

◇カスタマー・イン
　マーケット・インの思想をさらに押し進め、顧客1人1人が望む商品やサービス内容に応じて、これに沿ったものを提供していくという考え方。

ここまで読むと、「マーケティングは難しいなぁ」という印象を持たれたかもしれない。しかし、こうした顧客志向の取り組みは、ご商売をされている方々が普段から日常的に行っていることである。分かりやすい例を挙げてみよう。
　ある商店街に店を構える八百屋さんは、いつも買い物に来るお客さま（リピーター）の顔と名前はしっかり覚えている。「○○さん、この果物、お嬢さんが好きだったでしょ。いまが旬よ」「お宅のおばあちゃんに元気になってもらうには、これがいいですよ」と、それぞれの家族構成まで知ったうえで、その情報にもとづき、必要な商品を揃えて個々の顧客に合致した商品を薦める。異なる背景と異なるニーズをもつ顧客1人1人と、対面方式でコミュニケーションをはかりながら商売を営んでいる。これはまさしくカスタマー・インの手法そのものだ。ただし、1人の人間が記憶できる顧客情報は、多くても数百人程度に限られる。そこで現代においては、ICTやコンピューターを駆使して、個別の顧客ニーズに対応する仕組みが幅広く普及してきている。
　たとえば、インターネット上の書店「amazon（アマゾン）」で本を買ったとしよう。それ以降、登録したメールアドレスに本の案内が届くようになる。月刊誌を買った人には、その月刊誌の次号が出ると「○月号が出ました」と案内が送られてくる。かつてアマゾンから購入した本の購買履歴やページの閲覧履歴をもとに、顧客の志向性を見極め、統計的に割り出した「買う確率の高い本」の購入をお薦めしてくれる。
　つまり、インターネットやコンピューターを使って行われているマーケティングも、基本的な考え方は、小さなまちの八百屋さんと同じなのである。

◇地域を1つの集客装置として考える
　従来、観光マーケティングといえば、鉄道や飛行機など旅客運送事業者や旅行会社、宿泊事業者が主体となって行うマーケティングが主流であっ

た。

　旅行会社のマーケティングでは、国内および世界中から顧客ニーズに合致したデスティネーション（destination：旅行目的地）を選びだしてツアーをつくり、それらツアーを次々と販売していく。「世界遺産の屋久島をいく、縄文杉トレッキング」「マチュピチュにインカ文明を訪ねる」「ハワイ格安ウエディング」といった具合に、時代の空気を読み、年齢別・男女別とマーケットにあわせて、さまざまなツアーを造成して販売していく。こう考えると、旅行会社のビジネスは、顧客ニーズに応えることが第一義であり、デスティネーションとなる地域とは共存共栄の関係にはあるものの、地域に対して永続的に責任を負うビジネスモデルではない。

　一方の地域は、団体客が減り旅行会社からの送客も減少し、自らの力で主体的に集客を行わなくてはならなくなった。つまり、地域そのものの価値を高め、地域そのものへの集客を自ら図るためのマーケティング活動が必要となったのである。ところが、ここで地域は大きな壁に直面することになる。

　その壁とは、観光地マーケティング（地域そのもののマーケティング）という概念、およびその具体的な手法が明らかでないということである。言い換えれば、誰でも使える汎用性の高い観光地マーケティングの手法が存在していない。だから、地域における効果的な取り組み方がいまひとつはっきりせず、そのことが地域主導型の集客交流事業が期待されたほどの成果をあげることができない要因にもなっている。

　そこで本稿では、まちを1つの「集客装置」とみたて、企業で活用されるマーケティングの考え方を応用し、地域主導型の集客交流事業にとって有効と思われる手法やその考え方について順に整理していきたい。

◆まちの現状を評価分析する

　どのような人に、どのように訪れてもらうことで、交流人口を増やし、

地域の活性化につなげていくのか。その基本的な方針や計画をつくるにあたり、まず一番にやらなくてはならないことは、まちの「現状」を把握することである。つまり、まちへの来訪者についての客観的な事実を把握することが必要となる。次の設問をご覧いただきたい。

問い 現状を把握しよう

Q1：あなたのまちには、どのような人が何人くらい来ているのでしょうか
Q2：それら来訪者は、なぜあなたのまちに来たのでしょうか
Q3：それら来訪者は、どこから、どのようにして来たのでしょうか
Q4：それら来訪者は、何度目の来訪者で、まちでの消費額はいくらくらいでしょうか
Q5：来訪者の人口統計学上の特徴はなにでしょうか

「なんとなくは分かるけど、正確な数字は分からない」という人がほとんどではないだろうか。一方、この設問の「あなたのまち」というところを「あなたの施設」に変えて、宿泊施設や観光施設などの民間事業者に尋ねたとしたら、完璧ではないにしても、自社の経営に必要なデータに関しては、かなり詳しく回答できるはずだ。

　まちに所在する民間事業者は、自らの組織の経営に必要な数字は把握している。しかし、こと話が〈まち全体〉となったとたん、あらゆる数字が曖昧になってくる。入込客数・宿泊客数といった大まかな数字は把握可能だが、その他の現状を把握する来訪者に関連する客観的データはあまりに乏しい。さらに、まち全体のマーケティングという概念そのものが普及していないことから、どのような数字を把握することによって科学的なアプローチが可能となり、効率的かつ効果的な活動ができるのかが明らかでない、という点も大きな課題である。

そこで、まちを1つの「集客装置」と捉えることで、まち全体の集客交流事業を計画・実施するに際し、どのような数字を集めればよいのかを考えてみたい。

◇来訪者は、どのような方法でまちに来ているのか

あなたのまちへの来訪者は、果たしてどのような交通機関を使って、あなたのまちに来ているのだろうか。表2・2をご覧いただきたい。これは、来訪する際の人数によってカテゴリーに分類し、個々のカテゴリーの来訪者が、どのような交通機関を利用して来訪したのかが一覧できる表である。

「2人」のカテゴリーには、シニア夫婦とか若者カップルといった、自分のまちの来訪者特性に適した分類を設けるとよい。また「小グループ」のカテゴリーには、ファミリーとか大学生とかアラフォー女性といった分類も可能ではないだろうか。

こうして見ると、かつては、①（「観光バス」×「パッケージツアー（団体）」）が多数を占めていたとか、最近、飛行機と宿だけのスケルトンタイプのパッケージツアーを利用する②（「飛行機＋レンタカー」×「非団体」）が増えているとか、高速道路が整備されたことで、③（「マイカー」×「小グループ」）が多数を占めるようになったという具合に、地域ごとにその特徴が見えてくるのではないだろうか。

このように、地域への入込方法について分析を行うことで、来訪者の行動パターンを理解することが可能となる。これまで、「来訪者」というひと言で、十把一絡げに扱っていた顧客が、じつは「マイカーでくる家族連れの日帰り客」だったり、「修学旅行でやってくる中学生」だったり、「旅行会社のバスツアーでやってきて15分のトイレ休憩を過ごして、すぐこのまちを去っていく観光客」だったり……と、その実像が明らかになってくるのである。

表2・2　カテゴリー別入込プロセスによる分類

地域への入込方法	非団体 1人	非団体 2人 カテゴリーA	非団体 2人 カテゴリーB	非団体 小グループ カテゴリーC	非団体 小グループ カテゴリーD	非団体 小グループ カテゴリーF	団体 パッケージツアー	団体 非旅行社
飛行機　＋レンタカー	②	②	②	②	②	②		
飛行機　＋タクシー								
飛行機　＋公共交通								
鉄道　＋レンタカー								
鉄道　＋タクシー								
鉄道　＋公共交通								
路線バス								
観光バス（旅行社）							①	
船								
マイカー		③	③	③	③	③		
バイク・自転車								
徒歩								

カテゴリーA～Eには、たとえばA：シニア夫婦、B：若者カップル、C：ファミリー、D：大学生、E：アラフォー女性など、自分たちのまちの来訪者特性を抽出し、訪問者数を書き込んでみよう。また交通手段や団体か非団体かで見ると、下の①～③の特徴が見えてくる。
① 「観光バス」×「パッケージツアー（団体）」
② 「飛行機＋レンタカー」×「非団体」
③ 「マイカー」×「小グループ」

◇来訪者は、どこから来ているのだろうか

　来訪者がまちに入り込んでくるにはいろいろな方法があることは分かったが、それら来訪者は、果たしてどこから来ているのであろうか。もっとも多くまちを訪れるのは、どこに住んでいる人たちなのだろう。

　事業者がお店をだすときは、まず「商圏」を考える。コンビニやスーパ

ーなども、商売が成立するだけの一定数の住民がいなければ出店しないし、周辺の競合他店の存在も調査する。

　来訪者は地域に存在するさまざまな資源を目的にまちを訪れる。それら来訪の目的となる資源は、どこに暮らす人にとって「訪れる価値のある資源」なのかを把握することが重要である。

　神奈川県横浜市に住む人が、新潟県村上市の人から「うちのまちの海はとても美しいので、ぜひ来て下さい」と誘われたとする。横浜に暮らす人は、日本海の笹川流れの美しさを知ったとして、湘南・伊豆・房総といったいくつかの選択肢のなかから果たしてどの海を選ぶだろうか。横浜在住の、あるカテゴリーの人にとっては、もしかしたら沖縄の海が競争相手かもしれない。さらにこれが横浜の人ではなく、埼玉県所沢市の人だったらどうだろう。もしくは新潟市内の人だったらどう反応するだろう。「マイカーで日帰り圏内」とか「マイカーで1泊2日圏内」といった、まちへのアクセスも競争力を考えるうえで重要な要素だ。

　筆者の経験からであるが、「あなたのまちに、どこの人にきてほしいですか?」という問いに対して圧倒的に多い回答が「トウキョウ」だ。東京都民ではなく首都圏近郊の3,000万人からその周辺含めて4,000万人を指していると思われるが、この3,000〜4,000万人をもっと詳細に分類し、ターゲットを絞り込んでアプローチすることが重要ではないだろうか。

　たとえば、千葉の房総半島にある館山市周辺が拠点となる日帰り商品(体験プログラムや日帰り温泉など)のマーケットを考えてみよう。来訪者の多くがマイカー利用者であり、そのなかには東京湾アクアラインを経由する人と、湾岸千葉方面から館山自動車道を経由して富津館山道路に入る人がいる。仮に富浦ICで高速を降りると想定し、顧客の自宅から富浦ICまでの走行時間の限界を1時間30分として算出すると、いくつか候補となるICが選びだせる。闇雲に「トウキョウ」という広範囲、しかも富浦ICまで3時間を超えるエリアも含めてプロモーションを展開するより、候補IC周辺の想定される顧客に対してアプローチするほうがコストも安く効

表2・3　来訪者の居住地からまちまでの時間と交通費のマトリクス

片道交通費 （円）	～1,000	1,000～3,000	3,000～5,000	5,000～1万	1～1.5万	1.5～2万
居住地から到着までの時間（H）　0～0.5						
0.5～1						
1～1.5						
1.5～2						
2～2.5						
2.5～3						
3～3.5						
3.5～4						

果的である。

　表2・3は、来訪者の居住地からまちまでの時間と交通費のマトリクスである。

　来訪者が居住する地域を空欄に書き込んでみよう。複数の地域が書き込めるはずだが、それらをもとに現状の把握および顧客を絞り込んだプロモーション活動について検討ができるだろう。

◇**まちの地域資源は来訪者にどのような価値を提供しているのか**

　一昨年来、全国60か所超える地域で研修会を開催してきた。「地域資源とマーケティング」というセッションにおけるワークショップにおいて、「地域には、どのような優れた地域資源があるのか」を議論していると「自然」とか「歴史」といった単純な単語があがってくるケースが多かった。

　「わたしのまちのいちばんの資源は、美しい海です」という発言に、ついつい「となりまちの海も同じくらい美しいんですけど……」とツッコミを入れたくなってしまった（実際、入れました）。

　地域の資源を集客交流事業の資源（観光資源）と考える場合、「自然」とか「歴史」といった漠然とした表現をより具体化し、その資源の価値を評

価してくれる顧客やその特性、それら顧客が求める利益とも関連づけて精査していくことが必要である。その際、表2・4のように、「まちの資源」「商圏」「顧客特性」「来訪者が求める利益」の4つの要素について整理してみると分かりやすい。

　顧客が求める利益の部分は、顧客が享受する便益、もしくは商品（サービス）を購入する価値といったほうが分かりやすいかもしれない。顧客は必ず何らかの利益（価値）を求めてモノやサービスを購入する。例をあげて説明しよう。

　たとえば、ハンバーガーのファーストフード店で顧客が購入する利益（価値）は何だろう。もし、あなたがハンバーガーを注文してからそれをほおばるまで30分以上待たされるとしたら、果たしてあなたはその店にいくだろうか。ハンバーガーショップで買うモノは、もちろんハンバーガーだ。しかしその際、顧客が求める利益は「時間」である。つまりファーストフード店において人びとは「時間」という利益（価値）を購入している

表2・4　地域資源を4つの要素から考えてみる
〈例〉

	まちの資源	商圏	顧客特性	顧客が求める利益
1	海	車で2時間圏内	趣味がダイビング	利便性の高い場所の美しい海に潜る
2	温泉宿	首都圏	30～40代のワーキング女性	上質な時間と空間と味覚

	まちの資源	商圏	顧客特性	顧客が求める利益
1				
2				
3				
4				
⋮				

のである。

　また、筆者が主宰するNPO法人グローバルキャンパスにおいて「アラスカ・クルーズの商品化」に関するブレインストーミングを行ったときの話である。クルーズ出発港にあたるシアトル在住スタッフが「大社さん、一定の年収とキャリアのある米国人男性との結婚を希望する日本人女性を20人集めることができる？」と聞いてきた。彼女は、日本人女性との結婚を希望する、一定年収とキャリアを有する米国人男性を20人集めることが可能だ、という。つまり、日米の男女40人が参加する「アラスカお見合いクルーズ」を商品化したらどうか、という提案だった。実現可能性の高いユニークな企画だ。もうお分かりのとおり、この商品は海外クルーズではあるが、顧客が購入する利益は……、そう「出会い」である（本企画はいまだ実現していない）。

　最後に、ある本に記されていた高層ビルの最上階にあるレストランのケース。なかなか雰囲気のよいレストランだったが客の入りはいまひとつ。そこで一計を案じ、1階のエレベータ前に1枚の看板を置くことにした。すると来店者数が急に増えたという。看板には漢字四文字で「夜景無料」と書かれていた。もしかすると、レストランのシェフは「オレの腕だけでは人が集まらないのか〜」とガッカリしたかもしれない。だが、顧客の求める価値は、必ずしも料理の味や上質なワインだけではない。都会の夜景を眺めながらグラスを傾け、少しリッチな気分で食事をしながら語り合う時間と空間であったのかもしれない。

　このように、商品（サービス）を開発する際には、来訪者が求める利益についても、しっかり議論して理解し共有しておくことが大切である。

◆顧客はどこにいるのか

◇地域資源の競争力（比較優位）を把握する

　マーケティングにおける重要な要素として3Cが使われる。この3Cとは、

Company（自社）、Competitor（競合他社）、Customer（顧客）という3つの単語の頭文字である。これを観光地マーケティングにあてはめると、「あなたのまち（Company：自社）」、「競争相手となるまち（Competitor：競合他社）」、「来訪者（Customer：顧客）」となる。

マーケティングにおいては、これら3Cの関係性をベースに検討していくことになるのだが、まちのなかに存在する個々の地域資源に焦点をあてた方が、具体的な集客交流事業の考え方を整理しやすいことから、本節では、Company（自社）を、「まち」という単位ではなく、地域に存在する「地域資源」として3Cを考えていくことにしたい。

「うちのまちには300年の歴史を誇るお寺がある」と地域資源を語る場合、集客交流事業の枠内において、そのお寺は、観光資源として、どこの誰に対して、どのような競争力を有するのかを精査しなくてはならない。お寺という資源を活かして観光振興を図るためには、誰のために、どのような商品（サービス）に組み立てることが必要なのか、を考えるのだ。

個々の地域資源を観光資源として位置づけた場合、その資源の「比較優位」（他と比較した際の優位性）、「競争力」について正確な評価を行うということである。「うちのまちの観光資源は、なんといっても温泉です！」と主張したいなら、その温泉が誰にとってどのような競争力（比較優位）があるのかを把握したうえで、適切な顧客に向かって情報発信することで効果的なプロモーション活動につながっていく。

伊豆や箱根の温泉は、首都圏に暮らす人にとっては足の便もよく旅先として魅力的だが、果たして、別府、黒川、由布院…といった良質な温泉が多数ある九州の人にとっては、旅先として魅力があるだろうか。その問いに答えるためには、九州に暮らす人にとって、伊豆や箱根の温泉地には、九州内の温泉地と比較して、どのような競争力があるのかを評価することが必要になってくる。そして、競争力が極めて低い場合、そうしたマーケットを対象とする無駄なプロモーションに資金を投下しないことが賢明である。もしくは、他の資源と組み合わせたら競争力をもつとか、九州の人

のなかでも、××といった特徴を持つ人には競争力がある、という評価を行うことでターゲットを絞り込んだプロモーション活動を展開することが可能となる。

一方、大分県にある別府温泉は、一般の旅行者にとっては、古くからの大型温泉地であり、かつては新婚旅行のメッカだったという程度の認識ではないだろうか。しかし、温泉マニアにとって別府温泉は別格だ。多種多様な泉質があり、マニアから「聖地」と呼ばれるがごとく、圧倒的な比較優位を誇っている。そして、これら温泉マニア（＝別府ファン）は、東京をはじめとする大都市圏にも多数存在している。こうしたマニア対象のプロモーション活動を考える場合、羽田空港や東京駅で行うキャンペーンや百貨店での物産展と同時開催するイベントが効果的でないことは想像に難くない。マニアが集うコミュニティにダイレクトに情報発信を図るほうがはるかに効果的である。地域にはさまざまな資源があるが、顧客カテゴリーによって、その資源が有する競争力が異なり、同時にプロモーションの方法も異なってくるのである。

◇ **地域資源を観光資源に加工編集する**

「比較」とか「競争」といった言葉から明らかなように、個々の資源には必ず競争相手（競合資源）が存在する。「大都市Aに暮らす人にとって、まちBの資源R1の競争相手（競合資源）は、まちCの資源R2である」と、より具体的に資源を評価していく。「地域資源を磨く」という話をよく聞くが、この磨くという言葉は曖昧につかわれていることが少なくない。闇雲に磨くのではなく、まちの競争力を高めるためには、どの資源をどのように磨くことが必要なのか。磨くという行為の内容を明らかにしたうえで、戦略的に取り組むことが重要といえる。

かつて、グローバルキャンパスの2泊3日のプログラムにおいて、開催地の地元で評判のアウトドア事業者があり、約2時間の自然散策ガイドをお願いしたことがあった。しかしながら、期待に反して参加者の評価は高

くなかった。調べてみると、その事業者が普段、顧客としているのはほとんどが子どもであることが分かった。わたしたちの顧客は知的好奇心の高いアクティブシニアだ。依頼する前にもっと詳細に打ち合わせをしなかった、わたしたちのミスであったのだが、同じ地域資源を活用して来訪者にサービスを提供するにしても、現地ガイドは客層や顧客ニーズにあわせて服装や話す内容や言葉遣いなど、適切に変化させることが必要なのである。

マーケティングにおいては、「異なるニーズには異なる商品を」が基本となる（図2・4）。

こうした地域資源と来訪者との関係を、「時間」「距離」「予算」「趣味・嗜好」「人員構成」…といった複数の項目を用い、それらを整理して関連づけを行い、資源とマーケットについての理解を深め、将来に向けた観光まちづくりの方向性を議論しながら、そのイメージを共有していくことが大切である。

このように、これまで経験的、感覚的に取り組んでいた観光振興の取り組みを、客観的なデータをもとに現状を把握し、共有された意図と目標を有する科学的アプローチによる集客交流事業の取り組みへと変えていくことが、マーケティング手法を導入する最大の目的である。

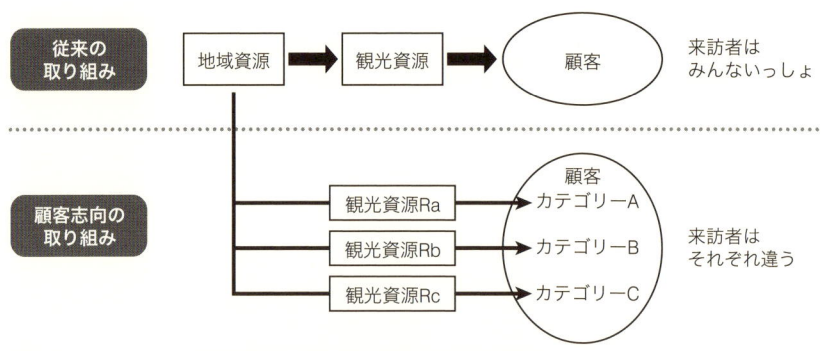

図2・4　マーケット別に地域資源を観光資源に加工編集していく

◇来訪者を「十把一絡げ」に扱うことをやめる

　このような枠組みでみていくと、あなたのまちに来る来訪者は、いろいろなカテゴリーに分類することができるということを改めて認識できることと思う。いくつかの指標でカテゴリーに分類した来訪者を個別にみていくと、異なる価値を持ち、異なるものを求めて、異なる地域に暮らす人たちが、あなたのまちに来ているという現実が見えてくる。

　現在、あなたのまちに約20万人の入込客があるとしよう。入り込み客数を増やすべく「まちの広報宣伝に力を入れる」という取り組みはもちろん必要である。しかしながら、まちの魅力を不特定多数に訴えかけることで、果たしてどれだけの来訪者が増えるだろうか。

　ここでまず、やるべきことは、あなたのまちの「来訪者」は、異なる特徴をもち、異なる場所に暮らす、異なる価値を持った人で構成されているという現状を把握することである。そして、それら来訪者をカテゴリーに分類して区別し、どのカテゴリーの来訪者にどのようなアプローチを行うことによって、入込客数・滞在時間・宿泊日数・消費金額を増やしていくことができるのかを個別に検討していくのである。

　まちを象徴する景色や特産品などのイメージポスターをつくったり、雑

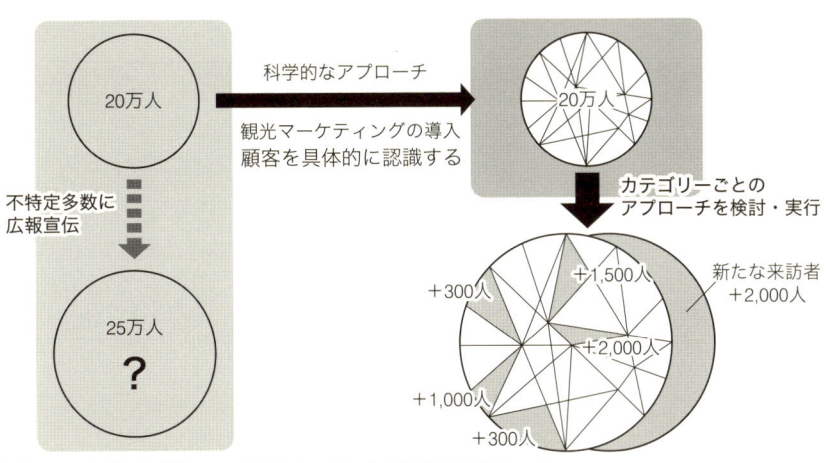

図2・5　不特定多数へのアプローチから顧客別アプローチへ

第2章　地域へのマーケティングの導入　59

誌に広告をだしたりして、まちのプロモーション活動を行うことで、現在の20万人が25万人に増えるとは考えにくい。もちろん、まちの存在を周知するプロモーション活動は重要である。しかし、それだけでは、それに続いて打つ手がなかなか見えてこない。そこで、来訪者を詳細に調査することで、複数の異なるカテゴリーの来訪者の現状を把握し、カテゴリー別の来訪者の姿カタチがイメージできるようになれば、カテゴリーごとにどのようにアプローチをすればよいのかを検討していくことが可能となってくるのである（図2・5）。

◆まちの進むべき方向性を考える

　地域資源を精査し、来訪者の現状が把握できたら、次に考えることは、まちにおける集客交流事業の進むべき方向について検討することになる。以下の設問を考えてみよう。

問い まちの未来を考えよう

....

Q1：このまちは、どのような来訪者をもっとも惹きつけやすいのでしょうか

Q2：どのような来訪者を惹きつけることが、このまちにとって価値があるのでしょうか

....

◇どういう来訪者を増やしたいか

　現在、どのような人が、何人くらい、どこからどのようにして来ているのか。それらを知ることで、まちがどのような人を惹きつけやすいのかを把握することができる。まちの魅力の源泉となる個々の地域資源は、どのような人にとってどのような価値があり、それらをどのように磨く（また

は商品化する）ことで、交流人口を増やすことが可能となるのか。それらを、1つ1つ考えていくことができるようになる。

　このとき合わせて考えたいのが、どういう来訪者を増やすことが、まちにとって価値があるのかということだ。まちに価値をもたらす来訪者の数を拡大する取り組みは、当然のことながら優先順位は高くなる。同時に何らかのアプローチをすることで来訪者数の拡大が比較的容易に見込める取り組みを選びだして、どんどん手を打っていくことも大切になる。

　来訪者を十把一絡げに扱うのではなく、日帰り客・宿泊客・連泊客・長期滞在者などカテゴリーに分け、個々の来訪者の実態を把握したうえで、それぞれのマーケット別に個別にアプローチを図っていくのである。

　ただし、ここで考えなくてはならないことは「なんでもかんでもマーケットの方を向いて、そのニーズに応え続けていけば良いのか」、もしくは「それら来訪者ニーズに、どこまで応えなければならないのか」ということである。

　「うちのまちの人たちは、○○を大切にしている。いくら来訪者を増やしたいといっても、××を変えてまでマーケットにあわせる必要はない」という考え方もあるだろう。

　まちの何を守り、何をマーケットに適合させ、どのような来訪者を大切にしながら将来に向けて成果を出していくのか。さらに、守るべきものを選択する根拠（理由）は果たしてどこにあるのか。当然のことながら、それらを決める権利は、その地域に暮らす人の手のなかにある。

　こうした作業は、まさにまちのコンセプトづくりであり、言い換えればまちづくりそのものといえるだろう。だからこそ、地域のなかで合意を形成する取り組みやプロセスが重要となってくる。幅広い住民が参加する議論をへて、まちが向かうべき方向についての大まかな合意を図る。そして、その方向に向かって具体的にどのような手順で、どのような手を打っていくのか、という中長期的な戦略を描いていくことになるのである。

◇新たな顧客の創造

　2010年春、箱根でエヴァンゲリオンのイベントが行われた。AR（拡張現実）によって実物大エヴァンゲリオン初号機を出現させ、仙石原(せんごくはら)のコンビニ店舗をエヴァンゲリオンのキャラクターで装飾するという企画に、主催者の予測をはるかに超える人が押し寄せた。

　そして、交通渋滞や深夜の騒音といった混乱を避けるため、結果的にその企画は数日で中止となった。仙石原に押し寄せた人たちは、観光地「箱根」からすれば、まったく新しいタイプの顧客である。大挙して箱根に押し寄せた人たちは、温泉に入りに来たのでもなく、富士山を眺めに来たのでもなく、関所を見にきたのでもなく、芦ノ湖の海賊船に乗るために来たのでもない。

　同じく2010年6月、某ゲームメーカーが「ラブプラス＋」というゲームを発売した。そのゲームは、高校生の自分が転校した学校で女の子とつきあうという設定で話が進行する恋愛ゲームだ。その舞台として設定されたのが、かつての新婚旅行のメッカ「熱海」だった。発売に際し、メーカーと地元が夏の期間中、イベントを企画。地元の人も半信半疑だったようだが、実際には予想を超える人が熱海に集結した。1991年に440万人だった宿泊客数が300万人を割り込むまでに落ち込んだ熱海にとって、新たな顧客開拓に向け期待が寄せられた。関連グッズやゲームにちなんだ飲食メニューも好評だったという。そして、ついには彼女といっしょに泊まれる宿まで登場。ゲーム関係者だと分かれば、1人客でも部屋に布団を2組敷いて大いに喜ばれたという。

　このように、これまでにない需要を掘り起こし、具体的に商品化し、来訪者を募っていくことも同時に行っていかなければならない。新たな顧客を生み出し（顧客創造）、来訪者を増やす取り組みも併せて必要になってくる。

　そして、この新たな市場開拓のなかで忘れてはならないのが海外マーケットである。第1章で述べたとおり、出生率が急激にあがらない限り、わ

が国の人口は間違いなく減少していく。国内における観光地間の競争は一段と激しさを増し、これまでどおりの入り込み客数を確保するだけでも、想像を超える努力が求められる。成長する東アジアを中心とした海外マーケットの需要を取り込み、将来の見込み客として位置づけていくことは、どの地域にとっても重要課題なのである。

◆地域マーケティングのための市場調査

　本節では、まち全体を1つの集客装置ととらえ、企業活動におけるマーケティングの概念を応用した考え方について整理してきた。各地域で観光振興に取り組んでいる方々にとっては、日頃いろいろな顧客に接していながら、じつは顧客について把握している情報があまりに少なかったことに気づいたのではないだろうか。さらに、ここまで述べてきたマーケティングの概念とその活用法は、考えてみればごく自然なことであり、決して特殊な話でも、また難解な話でもないということに、お気づきになられたのではないかと密かに期待している。

　ところが、である。「地域のマーケティングの考え方は分かった。まずは現状把握からはじめよう！」と、いざ実践に移そうとした時、もしかしたら、早速、行き詰ってしまうかもしれない。

　まちの現状を把握しようと動きだしたとき「必要と思われる正確なデータが、どこにも見あたらない」という壁に行きあたるのである。それは決してめずらしい話ではない。地域の観光振興を考える際の客観的なデータが、あまりにも少ないのというのもわが国の現実である。

　そこで、必要と思われるデータがない場合は、自分たちで調査をしてデータを集めることになる。こうしたデータ収集のための調査をマーケティング・リサーチ（市場調査）という。

　マーケティング・リサーチには、大きくわけて定量調査と定性調査の2種類がある。定量調査は、顧客の情報を「数字」に置き換えて把握するも

ので、入り込み客数・宿泊客数・消費金額‥といった情報を収集する。また、定性調査は、顧客の情報を「言葉」に置き換えて把握するもので、来訪者がこのまちを訪れようと思った理由や、訪れてよかったと思った点など、顧客の生の声を集めて分析することで、課題解決のヒントを発見することが可能となる。

定量調査からは、いま置かれているまちの「状態」が、そして定性調査からは来訪者の消費行動の「意味」が分かる。

本書ではマーケティング・リサーチの手法について詳しくはふれない[注1]。そこで参考となる情報だけ記しておくと、こうした観光地マーケティングを支援するものとして財団法人日本交通公社が実施する「CS ロイヤリティ調査」や、じゃらんリサーチセンターが実施する「ギャップ調査」などがある。「CS ロイヤリティ調査」は同財団の公益事業の一環として行われており、自治体単位でエントリーが可能だ。調査票に沿って地元で収集したデータを提出すればデータ解析などの支援が得られる。また「ギャップ調査」は「知らない→知っている」「関心がない→関心がある」という2つの軸でマトリクスをつくり、地域のあらゆる資源をプロットしていく。地元の人の認識とマーケットサイドの認識の違い（ギャップ）を明らかにして、次なる戦略を立てるのに役立てていくというものだ。

こうした外部機関に依頼するのも手であるが、できることなら調査事業は外注せず地域内部で実施することを強くお勧めしたい。調査設計も含めて外部化された調査からあがってきた「与えられたデータ」は、有効活用されないケースが少なくないからだ。まずは地元の大学やシンクタンク等からアドバイスをもらいながら、コストがかからず効果的で簡便な手法を開発していくことをお勧めしたい。

第3節

集客交流事業で地域経済を元気にする具体策

　来訪者をカテゴリーに分け、カテゴリーごとにどのようなアプローチを行えばよいのかという次なるステップについて「いまひとつ具体的にイメージができない…」という方のために、常に頭に入れておきたい基本的な考え方について記しておきたい。

◆来訪者(または送客主体)への働きかけ方

　地域の主体的な取り組みによって生み出したい成果を整理すると、おおよそ表のような内容にまとめることができる。

来訪者（または送客主体）への働きかけにより達成したい成果

（1）新規来訪者を増やす（新規顧客の獲得）
（2）来訪経験のある人に再訪してもらえるよう促す（リピーターの育成）
（3）来訪者の滞在時間を延ばす（滞在時間の増加による消費金額の拡大）
（4）来訪者の滞在時間あたりの消費単価を増やす（消費行動への動機づけ）

この成果を得るためには、どのような来訪者にどのような影響を与えることが必要なのか、図2・6のピラミッドも参照しながら具体的に考えていきたい。

◇新たな来訪者を増やす
　まず第一は、入込客数および宿泊客数を含めた新たな来訪者を増やすことである。以下は、あくまで思いつくまま記した例であるが、こうした問いを地域の実情にあわせて検討してもらいたい。いずれにしても地域資源と顧客特性により効果的なプランを考えることが重要だ。

【例】

- A社が主催するバスツアーが年間300台来訪する。これを350台に増やすためにはどうしたらよいか。
- アンテナショップに立ち寄る年間10万人のうち100人（0.1％）に来訪してもらうためにはどうしたらよいか。
- どこに暮らす、どのような人に、まちのことを認知してもらうことが、もっとも効果的か。
- 教育旅行をはじめて受け入れるにあたり、まず1校目にどのように営業するのがよいか。
- 車で60分圏内（電車で3駅の範囲内）の人で、まちに一度も来たことのない人に、どのようにして1回目の来訪を実現してもらうか。
- まちのことを知らない人で、まちに来たら高い確率で満足する特定の志向をもつ人は、どこに何人くらいいて、その人たちにどのようにアプローチすればよいか。

　たとえば農産物をはじめとする地元産品は、地域の情報を伝達するメディアだという点に着目して考えてみよう。都市部にあるアンテナショップ

では地元産品が山のように販売されているが、地元産品の購入と現地への来訪をセットにしたパッケージ商品を考えるのも一案である。地元産品の購入者は少なくともその地域のことを認知している潜在顧客である。たとえば、現地までの交通機関と協働して、○○を××円以上購入された方には抽選で宿泊券をプレゼントといった仕掛けが検討できないだろうか。

◇来訪者に再訪してもらえるよう促す

次に、はじめてまちを訪れた人に再来訪してもらうためには、どのような動機付けとアプローチが必要なのかを考えてみよう。図2・6のピラミッドを参照していただきたい。

どのような商売においても、最初からロイヤル・カスタマーという顧客はいない。あなたのまちを認知していない人にまちの存在を知らしめることで認知者になってもらう。そして、1度は来訪してもらい、次には何度

問い あなたのまちのファンをつくるには

・どのようにして、あなたのまちを知ってもらいますか（A → B）
・どのようにして、あなたのまちに来てもらいますか（B → C）
・1回来た人に、どのようにして再び来てもらいますか（C → D）
・複数回来たことのある人に、どのようにして何度も来てくれるファンになってもらいますか（D → E）

E	ロイヤル・カスタマー	頻繁に来る人や移住を考えている人
D	リピーター	そのまちに2回以上、来たことのある人
C	初回訪問者（トライアル）	そのまちに1回来たことのある人
B	認知者 ↑↓	そのまちの名前を知っている人
A	非認知者	そのまちを知らない人

図2・6 知らない人からファンまで顧客の5つの層

第2章 地域へのマーケティングの導入

も訪れてくれるリピーターになってもらう。このようにAからBへ、BからCへ、CからDへと1段ずつ階段をのぼってもらう流れをつくり出すのである。また、遠隔地に暮らすファンの人は、頻繁に訪れることが難しいとしても、地域のモノを継続的に購入してくれるなら有り難い。個々のプロセスは、それぞれ異なるアプローチが必要となるが、時間をかけて丁寧に「地域との関係性」を深めていくことでファンを増やしていくのである。

　企業活動では、資本力のない中小零細企業の場合、顧客の数ではなく関係性の深さを大切にする。「口コミで宣伝してくれそうな人をターゲットとする」「メッセージをこまめに発信し、かつ双方向性を保つ」といった取り組みで、より深い関係性を築いていく。なんといってもリピーターをもつことは新規顧客を開拓するよりコストがかからず、口コミも期待できるなど多くのメリットがある。このように顧客との長期的で良好な関係をベースに、商品（サービス）を継続的に購入してもらうような関係性を構築していくことをCRM（Customer Relationship Management）という。

【例】

- 春に来て感動してくれた人に、秋の良さをどのように伝えるのか。
- 1回目の来訪のときに、次回の予約を受け取る方法はなにか。
- ある特定の目的のため来訪した人に、新たな来訪目的を設定することは可能か。
- 来訪者にとって単なる旅先であったまちを、その人にとって特別な場所にするためには何をすればよいのか。
- 複数回来ている人に滞在日数を増やしてしてもらうためには、どのような要素が必要なのか。
- まちのファンの人が毎月1回来てくれるようにするためには、何が必要か。

リピーターを生み出す仕掛けを学ぶにおいて極めて参考となる事例として、京都にある鈴虫寺を訪ねることをおすすめしたい。本書では詳しくふれないが、見事なまでに顧客の心をつかみ、その場で財布の紐が緩み、顧客が再来訪したくなる仕組みが組み立てられている。グローバルキャンパス京都講座の参加者で、空いた時間に同寺を訪ねたある人は、「おもしろかった！　1年中、鳴かないかん鈴虫がちょっと可哀そうやったけど…」とつぶやいたが、経営という視点から学ぶべきことは多い。

◇来訪者の滞在時間を延ばす

　引き続いて、まちを訪れる人の滞在時間をいかに伸ばすかを考えてみよう。「通過型から滞在型へ」が合言葉になっている地域は少なくない。滞在時間が延びれば、その分、地域での消費額も伸びるというのが通説だ。もちろん、この取り組みの目的は消費金額の拡大である。

　「20分の滞在を60分にする工夫」「日帰り客を1泊にする工夫」「1泊の宿泊客を連泊にする工夫」というふうに、個別ケースにあわせた対策を練ってみよう。

【例】

- 人気観光施設で平均30分滞在する来訪者が、まちを回遊することで滞在時間が倍になるためにはどうしたらよいか。
- 平均滞在時間が30分であるJ社のバスツアーの来訪者に60分滞在してもらうためには、どうしたらよいか。
- まちの幹線道路を1日に通過する5,000台の車のうち100台にまちで駐停車をしてもらい、まちの産品を購入してもらうためにはどうしたらよいか。
- お祭りに来る日帰り客2万人のうち、200人に1泊してもらうためにはどうしたらよいのか。

- 毎年夏になると1泊旅行に来る人（家族）に連泊したいという動機を生み出すためにはどのようなサービスが必要なのか。

....

　連泊することで宿泊料金を割引するサービスを見かけることが少なくないが、できることなら宿だけが頑張るのではなく、地域自身の魅力を高め、楽しめるコンテンツを充実させて連泊の促進につなげていきたい。宿と地域の各種体験事業者との連携は極めて重要である。

◇来訪者の滞在時間あたりの消費単価を増やす

　さて、地域への来訪者数（入込客数）が増えればそれでよいのかというと、必ずしもそうではない。来訪者には地域で消費をともなってもらいたい。ケースをもとに考えていこう。

　美しい海岸線が続く海沿いのあるまちでは「うちのまちにはサーフィンにくる人が多い」という。地元では「サーフィンに来る人たちは、車で来て車の中で寝て、地元にお金を落とすことなく帰っていく。だから、お客さまとは認識していない」という声を聞く。たしかに地域に経済的メリットがない来訪者は歓迎できないという気分になるのは仕方ないことかもしれない。

　ところが別のまちで、お金を落とすサーファーと、そうでないサーファーの二極化が進んでいるという話を聞いた。改めて考えてみてほしいのだが、果たしてサーファーの人たちは「俺は買い物ではなくサーフィンに行くのだから、まちでは絶対になにも買わないぞ」と決意して出かけてきているのだろうか。その地域の人に「サーフィンに来る人たちに、このまちにきたとき、ほしいサービスはなにか聞いてみたことありますか？」と聞くと、そうしたチャレンジの経験はないという。

　来訪者がいる限りは、それら来訪者に対して消費行動への動機づけをどのように行うのか、知恵をしぼって考えてみてほしい。もし、あなたのまちにおいて来訪者数がなかなか増えない、滞在時間を延ばすことも難しい

と手詰まり状態になった場合でも、少なくとも来訪者がいる限り取り組むべきことは必ずある。

【例】

- まちに30分間滞在する来訪者が年間1万人いる。それら来訪者の平均消費単価が1,000円／人とすると、どのようなモノ（サービス）をどのように購入してもらうことで、平均消費単価を1,500円にすることができるだろうか。
- 来訪者のなかで、もっともボリュームの大きいカテゴリーの来訪者が買いたくなるもの（必要とするサービス）とはなにか。
- 消費性向が高いカテゴリーの来訪者の価値観と行動パターンを分析することで、新商品（サービス）を開発して消費への動機づけを行うことはできないだろうか。
- 一見、関連性がないと思われる地域資源のなかで、どれとどれを、どのように結びつけることで新しい価値を生み出すことができるだろうか。

◆地域の経済サイクルに配慮した事業展開

　集客交流事業を展開することで地域全体に経済的メリットを還元するためには、(1)来訪者を増やし、(2)来訪回数（滞在時間）を増やし、(3)消費金額を増やしていくことを念頭におくことが必要である。前項で提示した【例】は、あくまで筆者が思いつくまま記したアイデアにすぎない。それらを参考に、まちの人たちでアイデアを出しあい、実行に移せるものから、どんどん進めていってもらいたい。
　さらに、宿泊・飲食・二次交通・物産といった観光関連事業者が、地元

の他産業との連携をいっそう強めることで、より深く地域経済の活性化につなげていきたい。その際、地域内の他の事業者と、より効果的な関係性を組み立てるためは以下のようなポイントを重視したい。

> 域内事業者との連携

（1）提供する商品（サービス）の地域内調達率を高める
（2）域内調達率が高い商品（サービス）の購買率を高める
（3）来訪者の詳細な情報を地域に流通させ、新たな商品（サービス）開発につなげる

　一昨年、訪ねたある温泉地に、自家農園で栽培した野菜をつかった料理をだす旅館があった。地元農家との関係がどうなのかは分からないが、地元への拘りを徹底するのも旅館としての1つの経営方針かもしれない。
　そもそも、自分が暮らす土地の水や空気や土で生まれた、その季節の食材を食するのがもっとも健康によく、それが自然の理ではないかと筆者は考えるほうだが、旅人も同様、その地ならではの旬や味付けを1つの文化ととらえて体験したいという人は少なくない。
　来訪者をもてなす際には、極力、地元で生み出されたものを優先的に活用したい。しかしながら、安定的に供給できないとか、商品そのものの質の問題により、地域外から持ち込んだ商品や、域外からの素材を活用した商品が販売されることも少なくない。接客の最前線にいる事業者は「顧客のために」と「利益が出るように」といった複数の判断基準から素材や商品を選ぶが、その現実にあわせて地元の納入事業者も努力が求められるとともに、接客の最前線にいる事業者にも前向きに取り組んでほしい。
　25年以上も昔、はじめてのオーストラリア旅行でシドニーのお土産物屋さんに入ったときのことだ。オーストラリアのお土産といえば、なんといってもコアラの縫いぐるみだった（筆者的には）。大きさや素材、色やカタ

チが異なる複数の縫いぐるみが並ぶなかで、もっともかわいらしい縫いぐるみを選んだ。そして手にとってレジに向かおうとしたとき、Made in Korea というタグが目に入った。「南半球のオーストラリアにせっかく来たのに、隣国でつくったお土産を買うのか!?」と再びコアラの並ぶ陳列棚に戻った。しかし Made in Australia は、いまひとつ、かわいくない。悩んだ末、少し不細工に思われるオーストラリア製のコアラに愛情を込める決意をして購入した記憶がある。地元事業者は常にマーケットニーズに敏感であってほしい。

　農林業や漁業など一次産業事業者には、(1)の取り組みが特に大切であり、それらを販売するサービス窓口の事業者は(2)を重視したい。そして、顧客のさまざまな情報を共有することにより、(3)新たな商品（サービス）を生み出していける体制を地域のなかに整えるのである。

　ある地域で、市内にある複数の大型ホテル内レストランのシェフたちと地元農家の人たちが定期的に会合をもつようになったと聞いた。地元素材を活用したメニューを開発するためだという。これはまさに(3)の事例にあたる取り組みである。

　また、「地域づくりは人づくり」とも言われるとおり、事業の根幹を支える人材の育成は不可欠とも言える。地元の志ある新規事業者やⅠ・Ｊ・Ｕターンで地域に入ってくる若者が取り組むソーシャルビジネスやコミュニティビジネスなどの起業をはじめ、中小零細事業者の経営力を高めるための支援策を多方面から進めることが不可欠だ。

　このような課題に対して個別に具体的な対策を練り上げ、それぞれにプライオリティをつけて順々に手を打っていくことが必要となる。

第4節

地域コンテンツ（着地型商品）のマーケティング

　前節では、集客交流の促進による地域振興（交流人口の拡大による経済活性化）に、地域全体で取り組む際の「考えるヒント」を交えながら解説してきた。本節では、視点を少し絞って地域資源を活用して生み出される地域コンテンツ（着地型商品）と呼ばれる商品（サービス）づくりについて考えていきたい。

　前述したとおり、地域コンテンツをとりまとめて販売しようとする人たちに「誰にきてほしいですか？」と問うと、その回答のほとんどが「誰でもいいんです」であった。「誰でもいいです」といって売る商品は、結局、誰の心もつかまなかったようである。当然のことながら、人は「あなたのためにつくりました」という商品（サービス）にこそ関心を示す。顧客に意識を向けず、ついついお国自慢になりがちだったところに問題があったのかもしれない。

◆顧客の真のニーズを読み取り発想を広げる

◇顧客がツアーを購入する動機

　本節では、多様化する顧客ニーズに応え得る商品づくりを考えるにあた

り、着地型の旅行商品を例に地域資源と顧客にとっての価値というポイントに焦点をあてて話を進めていきたい。

まず観光資源となるある「山」を例に、顧客の価値観とその山を活用した旅行商品について考えてみよう。かつてその山は、大多数の人にとっては眺める価値があり、また特定少数の人にとっては登る価値のある山であった。だから、眺めのよい場所に駐車場やレストランなどの施設を整備し、記念撮影のサービスやコイン式の望遠鏡などの商品をつくり、そこを訪ねる旅行商品をつくれば不特定多数から反応を得ることが可能であった。ところが顧客の価値観が多様化すると、その山は、Ａさんにとっては「登る価値のある山」であり、Ｂさんにとっては「眺める価値のある山」であり、Ｃさんにとっては「カメラに収める価値のある山」であり、Ｄさんにとっては「キャンバスに描く価値のある山」となる。顧客の価値が単一ではなくなったのである。

ＡさんからＺさんまで、多様で複雑な価値観が共存する不特定多数を対象に、たとえ山登りの旅行商品を提供したとても反応は極めて薄く、Ａさんの価値志向に合致するごく少数しか反応しなくなる。価値観が多様化したマーケットにおいて、従来のマスツーリズムが行き詰まりを見せる所以である。

こうした多様化する価値に対応する取り組みを行っている旅行会社を例に考えてみよう。同じ趣味をもつ人を、クラブメンバーとして組織化し、それぞれの興味関心にあわせて、歴史やスポーツ、スケッチや写真撮影などテーマ性をもった旅行商品をつくり、カタログ誌を宅配する通販方式を用いているのがクラブツーリズム㈱である。同社によると、あらかじめ価値観が揃った顧客に対して期待を裏切らない旅行商品を提供し続けることでリピーターが生まれ、マスマーケットとは異なる反応が見られるという。

同社のなかでも、多くのリピーターを集めるスポーツ旅行部門の担当者へのヒアリングをもとに考察を進めていきたい。

同社の扱うスポーツ旅行は、ダンス、釣り、登山、ウォーキング、スキ

一、マラソンと多様なコンテンツが揃っており、同社首都圏スポーツ旅行センターでは年間延べ15万人を取り扱っている。おそらくスポーツ旅行を扱う旅行会社では、わが国最大規模の1つと思われる。顧客の平均年齢は65～68歳、そのうち女性が6～7割を占める。一番人気はウォーキングや登山といったコンテンツだ。

　担当者によると、スポーツ部門に着任した当初は尾瀬や白馬など誰もが知る土地や山を歩くことで顧客満足が獲得できた。しかし近年は、かなりマニアックなコースや、ただ歩くだけでなく目的をもったコースの設定が求められるようになってきているという。さらに、参加にあたって必要とされる技術や難易度が段階的にレベルアップしていく商品構成や西国八十八か所めぐりのように「意味のある」コースづくりが必要との話だった。

　「お客様は、わたしたちのツアーに達成感を求めています。お客様の真の目的はスポーツそのものではないのかもしれません」という担当者のコメントはじつに興味深い。スポーツというコンテンツをメインに位置づけた旅行商品にもかかわらず「顧客がツアーを購入する動機はスポーツそのものではない」という指摘である。「顧客が商品を購入する真の目的は、仲間とともに味わう達成感や感動の共有体験」だという。旅行商品や地域コンテンツの開発・販売について考える際、同社の事業と担当者のこの指摘は示唆に富む。

◇顧客との「価値」の共有

　国土交通省に観光庁が設置されたのと前後して「ニューツーリズム」と呼ばれる旅行商品の造成と販売が推進されてきた。産業観光、グリーン、エコ、ヘルス……といったカテゴリー別に特化した旅行商品であることが特徴だ。地元の人や組織が現地オペレーションを担い、旅行会社が募集型企画旅行として販売するという事業スキームで構成される商品も少なくなく、着地と発地が協働する旅行商品といえる。ちなみにこのニューツーリズム商品群も、いまひとつ顧客の心をつかめていないようだ。

一方、クラブツーリズム社のスポーツ部門の商品をみると、ニューツーリズム商品と同じく、着地と発地が協働する事業スキームで人気を獲得している商品も少なからず見受けられる。そこで、着地・発地協働型の事業スキームで一定の実績をもつクラブツーリズム社の取り組みとニューツーリズム商品とを比較しながら、こうした旅行商品の商品開発と販売について考えていきたい。

　まず、商品の本質にかかわる部分において、両者には微妙に質的な違いがあることを担当者コメントから窺い知ることができる。ニューツーリズム商品では、顧客に提供しようとしているものが組み合わされた複数のコンテンツであるのに対して、クラブツーリズム社が顧客に提供しているものは「感動や達成感」といった目に見えない「価値」であるという点である。もちろん地域資源を磨いて商品づくりに取り組んできたニューツーリズム商品においても顧客に提供すべき価値についての概念は組み込まれていると思われる。しかしながら、顧客の顔がよく見えない、つまり商品開発担当者と顧客の間で価値の共有が困難な状態で造成されたニューツーリズム商品と、日頃から顧客に接し、肌身で顧客ニーズを感じ取りながら造成されたクラブツーリズム社の商品との違いは決して小さくない。前述のクラブツーリズム社担当者の「スポーツというコンテンツはあくまで有効に活用できるツールであり、重要なポイントは感動や達成感の提供にある」という考え方は、学ぶべき視点ではないだろうか。

　筆者が主宰するNPO法人グローバルキャンパスでは、国内外の旅先でさまざまなテーマについて学ぶことができる知的冒険プログラムを提供しているが、同法人がプログラムを企画する際もクラブツーリズム社と同様の考え方が重要となっている。グローバルキャンパスでは、地域そのものをキャンパスに見立て、郷土史や文化、自然などの地域資源を活用し、地元の人や組織とともにプログラムを組み立てていく。グローバルキャンパスの顧客は、会員としてのアイデンティティを持つ特定少数者であり、知的好奇心が旺盛でチャレンジ精神豊かな自立したアクティブシニアだ。じ

つはこの人たちは、地域のコンテンツを組み合わせただけのプログラムにはまったく反応しない。知的刺激が得られ、心が通う交流や新たな出会いがあり、予期せぬ感動が待っていると想像されるプログラムにしか反応しないのである。また反対に、そうした期待を抱かせる企画であれば、見たことも聞いたこともない土地へも躊躇なく出かけていく。

これはグローバルキャンパスが提供するプログラムが特定の価値のもとに編成されており、顧客はその価値に共感した人たちの集まりであることに起因している。過去、グローバルキャンパスのプログラムを他のシニアマーケットで販売した経験があるが、残念ながら反応は皆無であった。クラブツーリズム社も同様、志向性の高いテーマを複数設定して顧客を囲い込み、それら顧客が共感する価値が組み込まれた商品を提供し続けることで顧客のリピーター化に成功しているのだ。

この事例から、商品を通して提供する「価値」を明らかにし、その価値に共感してくれる特定の顧客を探して集める、あるいは育てるという考え方が、旅行商品や地域コンテンツを販売していく際の1つの突破口といえるだろう。

◇ 地域に求められる新たな発想

ここで改めて地域に視点を戻すと、地域がめざすところは、あくまで交流人口を増やして地域の活性化を図ることであり、集客交流事業における商品（サービス）は、必ずしも旅行商品というカテゴリーに限るものではない。U・J・Iターン、2地域居住、週末農園、移住など多種多様な形態で地域に人を招き入れる方法を考えることが重要である。「1回だけ来てくれる1,000人と10回来てくれる100人」「2回目来るかどうか分からない日帰り客と週末ごとに訪れる何組かのリピーター」「平均消費額1,000円の日帰り客1,000人と移住者（平均消費額124万円/年）1人」といったふうに、考え方や発想を広げながら地域の実情にあった判断が求められる。

近年、友好都市などの自治体間の関係から生まれる都市と地方の交流事

業にも注目が集まっている。東京都品川区と山梨県早川町の間では、品川区民が早川町を訪れ、そば打ちや田植え、川遊びを体験するなどの交流事業が続けられてきた。そして2007年、これら両地区の交流をさらに深めることを目的に、早川町にある広さ4万㎡、標高482mのある山を、品川区民がふるさとの山として自由に使える「マウントしながわ」とするという協定を結んだ。この山は品川区に無償提供され、品川区民が利用計画をつくって里山づくりに取り組むものである。

　また、第3章で紹介する「オンパク」において提供される地域の商品は、そのほとんどが旅行商品ではない。まち歩きや魅力的な体験メニュー、その地ならではの食やスィーツなど小規模事業者やボランティアが主体となって地域資源を活用した魅力的なコンテンツを生み出し、それをまちの魅力づくりと連動させて地域を元気にしようという取り組みである。さらに厳選した八十八のお湯に入ると温泉名人になれるという「温泉道」は、商品（サービス）というより、仕組みや仕掛けと呼べるものだ。名人の栄誉を獲得するため、結果として多くのマニアらが繰り返し別府に訪れるという仕掛けである。

　早川町のケースは、地域間交流という関係性をベースに「区民の自主性のもとに自由に使える山」という新たな交流サービス（商品）を生み出したことに特徴がある。またオンパクのケースは、地元事業者の育成を視野に入れ、地元・近隣、および遠くて車で約2時間圏内のマーケットを対象に小規模多品種で期間限定という枠組みを設定したところに特徴がある。地域資源を活用した集客交流サービス（商品）づくりにおいては、旅行商品というカテゴリーに縛られることなく、こうした新たな発想での取り組みも求められるのである。

◆顧客をイメージし商品をつくり、適切な流通方法を考える

　本節では、これまでの各地の取り組みの反省をもとに、これまでの逆と

も言えるアプローチを提案してみたい。つまり「お客を決めてから商品づくりをスタートする」というアプローチだ。第3章で紹介する南信州観光公社は教育旅行にターゲットを絞って成功した。オンパクは地元の人と近隣市町村の人、そしてリピーターに絞ることで継続的に高い集客力を誇っている。

順に考え方を整理していこう。

◇ 顧客のイメージを具体化する

売れる商品（サービス）をつくるためにも、また既存の商品（サービス）を売れるものに改良していくためにも、ターゲットとなる顧客の購買行動や意識を知ることは不可欠となる。次のような観点から顧客の人物像をより具体的にイメージしてみよう。

[顧客の特徴]

・人口統計的要素の特徴──年齢・性別・家族構成・職業・居住地・可処分所得など
・行動の特徴────────あなたのまちに来る頻度や場所、使用する交通機関や消費額など
・意識の特徴────────あなたのまちに来る目的や行き先を決める要因、選択時の基準など

あなたの商品の中心顧客となるコアターゲットを想定する際、「こういう人たち」と頭のなかにイメージが湧くくらい絞り込んだグループを想定することが望ましい。

車で2時間圏内に居住していて、毎夏マイカーで遊びにくる小学生が2人いるファミリーとか、東京から新幹線に乗ってはじめて1泊の出張にくるビジネスマン。はたまた観光地として有名な隣まちに来る100万人の宿

問い 顧客イメージを描きだしてみよう

年齢や家族構成		
住まいや職業		
趣味や休日の過ごし方		
旅の志向		
旅先での過ごし方		

泊客のなかで、子育てが終わって比較的、時間と財布に余裕のあるシニアのカップル、といった感じだ。

　企業のマーケティング活動では、それらグループからより絞り込んで「お客さまはこの人だ」といえるところまで、1人の人物像を描くケースもある。これをターゲット・プロファイリングという。ターゲット・プロファイリングでは、年齢、性別、職業、家族構成、収入、経済状況をはじめ、趣味嗜好や、その背景にあるライフスタイル、性格などを明らかにし、第三者にもその顧客イメージがわくように人物像を描きだしていく。そこまで深く絞り込むことで、ターゲット顧客の行動パターンやそれぞれが抱える課題、詳細なニーズまで現実感をもってイメージすることができるのである。

　対象となる顧客イメージをより具体化することにより、商品づくりの方向性が定まってくる。ターゲット顧客のニーズはどのようなものだろうか？　それらの人たちは、どのようなタイミングで、どのようなサービスを欲するのだろうか。そうしたイメージを描きながら、商品（サービス）づくりに取り組んでいきたい。

◇商品(サービス)の流通について考える

　「着地型商品(地域コンテンツ)の販売が思うように進まない。その理由は流通に問題があるからだ」といった意見を聞くことが多い。商品をつくったら当然のことながら売らなくてはならない。その際、顧客に直接アプローチする方法と何らかの組織や媒体を経由して販売する方法がある。商品(サービス)をつくってから顧客に届くまでの流通やプロセスのことをチャンネル(流通チャンネル)という。マーケティングの4Pの1つ「プレイス(Place)」の要となる部分である。

　最近では「地域資源を活用する」ことが当然のように言われるが、その多くは商品づくりにおける活用を意味している。しかしながら、より広い視野で考えると商品を売るための販売チャンネルと位置づけて、有効活用できる資源も少なくないのではないだろうか。

問い 顧客があなたの商品を買うときのことをイメージしてみよう

・顧客はあなたの商品(サービス)をどこで見つけ、どんなときに買いたいと思うでしょうか
・あなたの商品(サービス)を販売するためにはどのような流通チャンネルが考えられますか

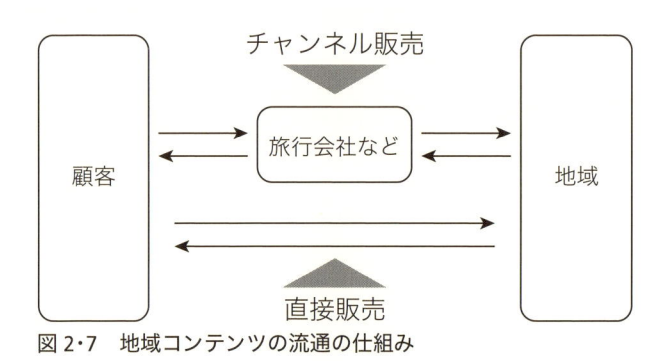

図2・7　地域コンテンツの流通の仕組み

ある地域で商品開発の研修を行ったときのことである。参加者に実際に商品づくりに取り組んでもらったところ、ある人が次のような企画を思いついた。「うちの町には大学がある。きっと入学式には親が来るに違いない。子どもが暮らすまちのことを親御さんも知りたいと思うはずだ」というのが発想の原点。「入学式に出席した親御さんを対象にして、まちを案内するプログラムをつくったらどうか」というのである。素晴らしいアイデアだ。そこでこの方は早速、企画書を作成して大学の事務局に相談にでかけた。そして企画を根底から覆される次のような回答を受けたそうだ。「うちの大学では、入学式に親がついて来るような子どもは入学させていません！」。みごと玉砕だ。

　ところが、である。その回答のあとに「でもですね。夏休みには親御さんを招いての催しがありますので、その時にはぜひお願いしたいです」という反応が返ってきたのである。

　誰しもマーケットのすべてを最初から熟知しているわけではない。まずは素案をつくり、対象とするマーケットの現場に飛び込んで現状を把握し、それにあわせて商品をつくり直していく、というプロセスを繰り返すことで新たな商品が生まれてくるのであろう。

◇**商品化と販売についての整理**

　頭の中には色々なアイデアが駆け巡っていることだろう。そのアイデアを具体的にカタチにしていかなくてはならない。実際に商品をつくって売るという作業に入る前に、それらのアイデアを文章化することをお勧めしたい。文章化することで曖昧さがなくなり、やるべきことのイメージがより明確になるからである。

　おそらく以下のすべての設問に対して明確な回答を描くことができれば、かなりの確率でその商品は売れていくのではないだろうか。そして、たとえ予想に反して売れなかったとしても、このような合理的な判断のもとにチャレンジした結果であれば、その要因を探りだし、改善に取り組んで再

チャレンジすることも容易となってくる。

問い 繰り返し自問自答すべき問い

....

（1）あなたの顧客は誰ですか？
（2）あなたの商品（サービス）はなんですか？
（3）あなたの商品（サービス）が顧客に提供する価値はなんですか？
（4）あなたの顧客はどこにいますか？
（5）あなたの顧客にどのようにアプローチしますか？

....

第3章

地域の
プラットフォーム型組織の
ケーススタディ

従来、地域における観光振興の取り組みは、「観光行政」「観光協会」、そして「観光関連事業」という三者が中心となり、それぞれ連携しながら進められてきた。

　観光協会を核とする取り組みにより来訪者数を増やしたことで知られる地域としては、「水木しげるロード」が爆発的にヒットした境港がある。観光客を呼び込もうと妖怪ブロンズ像を設置した1993年に約2万人だった来訪者数が、2000年には61万人に。その後、水木しげる記念館をはじめハードとソフト両面の整備を進めて順調に来訪者数を伸ばし、2007年には100万人を超え、朝のNHK連続ドラマ『ゲゲゲの女房』の影響もあり2010年には370万人を超えるまでに増加した。

　境港のように従来の体制において来訪者数を増やしている地域はいくつか見られるものの、全国的に見た場合、地域主導型の観光振興がうまくいっているとは、必ずしも言い難い。うまくいっていない要因は、「資金不足」「ノウハウ不足」「人材不足」「努力する方法や方向性が適切でないから」と思われがちだが、果たしてそれだけなのだろうか。前章のマーケティングに続いて、本書において論点としたいのは「観光振興の推進体制について」である。行き詰まりを見せる地域主導型観光振興がブレイクスルーを果たす鍵が、このなかに潜んでいると思われるからだ。

　着地型観光の掛け声に呼応して地域コンテンツをつくってみたものの、集客が芳しくなく、なかなか突破口が見いだせずに行き詰まりを見せる地域は少なくない。その一方で、従来とは異なる推進体制を設けることで集客を進め、観光まちづくりの成果を生み出している地域がいくつか現われてきている。

　これら新たな取り組みを進める地域では、観光行政、観光協会、観光関連事業者という三者が主導する従来の推進体制とは微妙に異なり、従来では見かけなかった新たな形態の事業主体が推進母体として存在している。そこで本節では、それらのなかから代表的な事業主体に焦点をあて紹介していくことにする。

ケース1　針江生水の郷委員会

自然と共生する暮らしと集客交流のバランスを図る

- 滋賀県高島市
  - 滋賀県北西部に位置する
  - 総面積は約693km²（うち琵琶湖の面積181.64km²）
  - 総人口は5万2,486人（2010年度）。
- 新旭町内針江地区
  - 人口721人、高齢化率20.6%（2005年）
  - 2010年重要文化的景観に選定（高島市針江霜降の水辺景観）
  - JR湖西線京都駅より快速電車で50分、新旭駅下車　徒歩15分

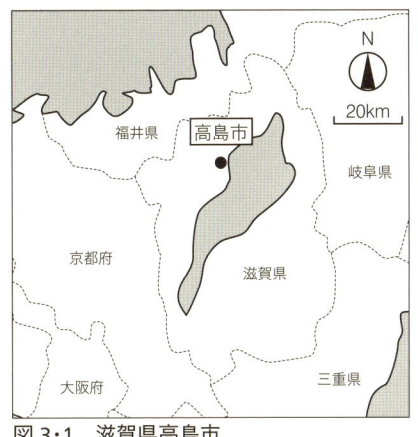

図3・1　滋賀県高島市

◆知る人ぞ知るまちがテレビ放映で一躍有名に

　琵琶湖岸にほど近い新旭町内針江地区一帯は、比良山系から流れ出る地下水脈の上に位置することから、地中に約20mのほどの長さの鉄管を打ち込むときれいな水が自噴する。かつては節を抜いた竹をつないで水を自噴させていた。

　このまちでは今でも地中から湧きでた水を、家庭内の「川端」に引いて飲料に使うほか、洗面を行い食材や食器を洗うなど生活用水として利用し

田中家のカバタ

ている。川端で使われた水は、隣に並んだ端池に流れ込み、そこには大きな鯉や鱒がゆうゆうと泳いでいる。野菜屑や米粒などを食べる彼らは、地域の一員として家族同然に暮らしているのだ。そして、その水はまちを走る水路をとおって近くの水田や針江大川に流れこみ琵琶湖に注いでいる。

　2004年1月、NHKハイビジョン『里山・命めぐる水辺』という番組で、琵琶湖で漁をしながら自然と共生する田中三五郎さんの暮らしが紹介されたことで、針江の名は全国に知られるようになった。そして、テレビを見た人たちが、この静かな針江のまちを訪れるようになったのである。

　人口数百人のこの針江区に、いきなり観光バスが来るようになり、見知らぬ人がまちをうろつき、カメラ片手に家のなかまで勝手に入り込んでくる人もでてきた。子どもがいる家庭もあり、住民の間には不安が広がった。来訪者が増えることにより、静かな暮らしが脅かされることになったのである。

　針江区内で飼料をつくる会社を経営している美濃部武彦さんは「あのテレビ放映を見て、これは大変なことになるな」と直感したという。そして、「安心して暮らせるように来訪者を受け入れる体制を整え、針江のよいところをみんなで見つけて元気になろう」という主旨のチラシを地区の全戸

田中さんが漁業をしていたところ（中島）

に配布した。すると30人弱の人たちがその呼びかけに呼応した。「30〜50代の若い方が多かった」と美濃部さんは振り返る。

◆針江生水の郷委員会の発足とその機能

◇必ず地元のガイドの案内で歩くという仕組みをつくる

「来る人を拒むことはできない」「来訪者が来ることを前向きにとらえ、受け入れ体制を整えるしかない」「ルールづくりが必要だ」といった議論がなされ、「定期的なガイドツアーをつくったらどうか」というアイデアがだされた。試しに、みんなでコースを歩いてみることにした。すると、当然のことではあるが、あのNHKの映像に登場するそれぞれの場面について、来訪者に対して自分たちでも説明ができるとみんなが感じた。ならば難し

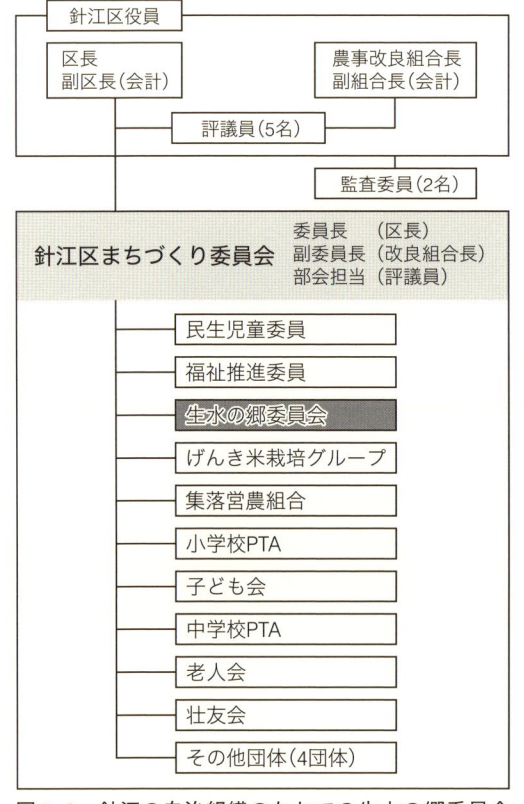

```
┌─────────────────┐
│ 針江区役員        │
└─┬───────────┬───┘
┌─┴──────┐ ┌──┴─────────────┐
│ 区長    │ │ 農事改良組合長    │
│ 副区長(会計)│ │ 副組合長(会計)   │
└────┬───┘ └──┬─────────────┘
     └──┬─────┘
    ┌───┴────┐
    │評議員(5名)│
    └────┬───┘
         │
    ┌────┴────┐
    │監査委員(2名)│
    └─────────┘
```

┌─────────────────────┬──────────────────────┐
│ 針江区まちづくり委員会 │ 委員長   （区長）   │
│   │ 副委員長 （改良組合長）   │
│   │ 部会担当 （評議員）   │
└──┬──────────────────┴──────────────────────┘
   ├─ 民生児童委員
   ├─ 福祉推進委員
   ├─ **生水の郷委員会**
   ├─ げんき米栽培グループ
   ├─ 集落営農組合
   ├─ 小学校PTA
   ├─ 子ども会
   ├─ 中学校PTA
   ├─ 老人会
   ├─ 壮友会
   └─ その他団体(4団体)

図3・2　針江の自治組織のなかでの生水の郷委員会の位置づけ

い話はやめて、自分たちの普段の暮らしや生活体験について来訪者に語ればよい、ということになった。

同年5月、針江「生水の郷委員会」と名づけたボランティア組織が発足（針江では湧き水を「生きた水・生かされている水」という意から「生水」と呼ぶ）。26人が委員となり、簡単な規約をつくり、会長・副会長・事務局などを決めて組織としての体制が整えられた（図3・2）。発足当初は10人ほどのボランティア・ガイドが案内する定期ツアー（第2・第4土曜の1時〜3時、軽食付：1,500円）を実施し、観光協会がその窓口となった。また、まちのあちこちに看板をだし、そこに携帯電話番号を載せ、来訪者がこのまちを歩くときは連絡を入れてもらうよう促した。

手書きのパンフレットをつくり、川端を見せてもらえる家庭も10軒ほどお願いして、来訪者がまちを歩くときは、必ず名札をつけて地元ガイドの案内で歩くという仕組みをつくったのである。

◇来訪者をコントロールする機能とまちづくり機能

　針江の人たちは、自分たちの暮らしを特別なこととは思っていなかった。川下の人は川上の人を信頼し、川上の人は川下の人に配慮して水を使う。そしてこの美しい水をきれいなまま琵琶湖に戻すのが極めて当たり前の日常であった。そこに「ここの暮らしは素晴らしい」と評価する人たちが訪れるようになったことで、まちの人たち自身も自分たちの暮らしを見つめ直すようになった。

　来訪者の数が増えるのと並行して、この活動に参加するボランティア・ガイドの数も増えていった。同委員会では、こうしたガイドやお宅の川端を見せてくれる家庭には現金での謝礼を出さないかわりに地元商工会が発行する地域通貨を配っている。針江の西に竹林が残されているが、その竹を、伐採る、切る、磨くなどの地域活動のときもその協力者に配っている地域通貨だ。

　一般的なガイドツアー（食事なし）では1人1,000円のお金を徴収する。「人が来ないことを願っての料金設定」と美濃部さんは笑う。参加者から「ガイド料ですか？」と聞かれると「これは環境保全活動の協力金です」と答えるようにしている。これらガイドツアーで徴収したお金は、当初は、鉢植えを買って各家庭に配ったり、ゴミ袋を買ったり、公民館の屋根の修繕

水路で水洗いをされている

などに使われていた。最近では、川端の本を全戸に配布したり、水を汚す洗剤を使わないよう粉せっけんを配ったりと環境保全の取り組みに使うほか、水に恵まれない子どもたちへの寄付にも使われている。

こうした努力により、同委員会の活動は地元の人たちに「一過性のものでない」ということを感じてもらえるようになり、2010年には全162世帯ある針江のまちの約半分の世帯がこの活動に参加するまでになった。

ちなみに、針江のボランティア・ガイドは、すべての依頼に対応している訳ではない。見学ルートが日常の暮らしの場だけに物見遊山の観光客はお断りしている。この動きを集客交流の視点から見ると、同委員会は、地域自ら意図をもって来訪者の受け入れをコントロールする機能を有しているということができる。さらにまちづくりの視点から見ると、環境保全というキーワードによる地域づくりの原資を住民自身が汗をかいて調達しているという珍しいケースとも言える。

◇地域外からボランティアを受け入れる仕組み

同委員会では、電話があれば対応する個人・小グループ向けのガイドツアーや旅行会社の依頼に応じて対応するツアーのほか、スタート時刻を10時半、13時、15時と設定した90分の定期ツアーも実施するなどプログラムを多様化させている。現在は、表3・1のようなコースが設けられ、2010年の年間参加者数は7,500人、その事業収入は1,000万円近くに達している。

表3・1　見学コース一覧

コース	所要時間	内容	料金
Aコース	90分	川端と街並コース	1,000円
Bコース	90分	里山湖畔コース	1,000円
Cコース	150分	A＋Bコース	2,000円
定期ツアー	3時間	A＋Bコース＋軽食	2,500円（完全予約制：5名以上）
体験処の利用＊		3,000円／人・泊	寝具1,500円（1日目）

（出典：「針江生水の郷委員会」のホームページ）

＊体験処とは、2005年7月から、空き家になっていた民家を借り受け、来訪者がここの暮らしを体験しながら滞在できるようにしているもの。

針江では、こうした外からの依頼に対応してまちを案内するだけでなく、積極的に地域外の人を呼び込む取り組みも行っている。2005年には、針江を地元学のフィールドとして勉強する大学生などにも参加を呼びかけ針江大川の藻（オオフサモ）を刈る「藻狩りツアー」（儲かりツアーではない）を実施。川端の見学と針江大川の清掃を組み合わせたボランティア・ツアーだ。また多くの生き物を育むビオトープや田んぼに設置した魚道の保全を目的とするツアーも企画し、ボランティア参加者を募集している。
　これらツアーでは、飲み物や昼食が無料で提供されるほか軍手や草刈り鎌などが貸し出され、地元の人たちと一緒に汗を流す。ボランティア活動に参加しながら、人と生き物が共存・共生していることが実感でき、地元の人との交流が深められる内容となっている。
　さらに来訪者には、環境にこだわった地元のお米や、琵琶湖でとれた魚、美味しい水でつくった豆腐などを供し、地元加工業者の湖魚のお土産も紹介するなど、まちの活性化に寄与するよう工夫されている。

◆かつての暮らしを取り戻す

　針江区周辺では、同委員会の交流事業のほか、行政や他の民間組織と同委員会が協働しながら、水の流れを軸とする「川端」「針江大川」「農漁業」「生物」「琵琶湖」といった複数のキーワードがつながり、環境保全をベースとするさまざまな取り組みが行われるようになった。
　2006年には「琵琶湖と田んぼを結ぶ連絡協議会」ができ、農業・漁業・河川管理の関係機関が連携して、かつて琵琶湖周辺に見られた「うおじま」や田んぼでの生き物の産卵を復活させるための取り組みもはじまった。
　琵琶湖は、昭和30年代まで湖畔の田んぼとつながっていて、琵琶湖に棲む魚の多くは春先に川や水路を遡上して田んぼで産卵していた。ふ化した稚魚は一定の大きさになるまで田んぼで育ち、再び川や水路をたどって琵琶湖へ帰るという生態系があった。しかし、コンクリートの水路に代表さ

図3・3 ちょっと Map in 針江（出典：「針江生水の郷委員会」のホームページ）

れる農地の周辺整備により、琵琶湖と田んぼの往来が難しくなり、田んぼで産卵する魚の姿は消えていった。産卵のため湖岸に近づく魚の群れが島のように見える姿を「うおじま」と呼んでいたが、その「うおじま」や田んぼでの産卵を復活させるというプロジェクトだ。もちろん、環境にこだわった美味しい有機・無農薬のブランド米づくりにも取り組んでいる。

みずすまし水田プロジェクト
環境と調和した農業をめざす高島市うおじまプロジェクトの一環として行われた。事業主体は高島地域みずすまし推進協議会

　さて、針江生水の郷委員会であるが、これまで行政の補助金でパンフレットをつくったことはあるが、主に自主財源で自立的に運営してきた。ガイドツアーにとどまらず、地元の料理屋さんに特製「かばた弁当」をつくってもらって予約客に販売するなど自主財源の確保にも知恵を絞る。約1,000万円の年間事業費を稼ぎだす同委員会であるが、今後、さらに広くまちづくりを進めるため補助金の受け皿となれる非営利団体として法人化するという考え方もあるだろう。一方、補助金に頼ることなく非課税の任意団体としてボランティアをマネジメントしながら従来どおりの活動を続けてくという選択もある。

　こうした活動により、針江のまちでは誰もがゴミを捨てないようになり雑草地は花壇になった。地元の古老は「これまで水道水を使っていた若い世代が湧水を使うようになった」とうれしそうに笑った。

ケース2　NPOハットウ・オンパク

疲弊した温泉地の再生に取り組む

- 別府市
- 大分県の東海岸のほぼ中央に位置する大分県第2の都市。
- 人口12万3,384人（2012年）。
- 2,511の源泉をもつ別府八湯（別府、浜脇、観海寺、堀田、明礬、鉄輪、柴石、亀川）と呼ばれる温泉群が点在。
- 毎分8万7,576リットル（2009年）の湧出量は湧出量は日本最大。
- ここ10年間の観光入込客数は微減。2010年度は年間約370万人が宿泊。

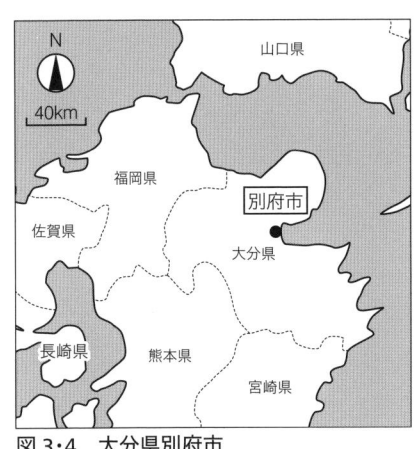

図3・4　大分県別府市

◆衰退温泉地ほど気づかない「温泉」という宝

　日本人旅行者にとって旅の重要な「要素」となっている温泉。しかし、いまはどの温泉地も厳しい経営を強いられている。バブル経済崩壊後、多くの観光地が来訪者数の減少に苦しみ続けているが、なかでも1980年代、繁栄を謳歌した団体受け入れ型の大型温泉地はその傾向が顕著だ。

　そのようななか、地域が再び元気を取り戻すためには「地域に眠っている資源を有効に活用することが必要だ」という認識が広まっていった。し

歴史的空間でのイベント （提供：NPO法人ハットウ・オンパク）

かしながら、地域に暮らす住民自身が地域資源の価値を認識できていないケースは決して少なくない。

「『うちのまちには何もない』と言いだしたら、そこは衰退地域だ」と語るのは、観光カリスマであり、NPO法人ハットウ・オンパクの代表理事を務める鶴田浩一郎さんだ。西日本有数の大型温泉地である大分県別府市でも、衰退期の1990年代から2000年代の初頭にかけては、誰もが「温泉しかない」と口にしていたという。「中東で『石油しかない』という人はいないでしょ」と鶴田さんは言う。

地域再生のために必要な取り組みは、(1)地域資源を発掘すること、(2)それら資源の価値を住民自身が理解すること、(3)地域資源を活用した商品（サービス）を開発して販売すること、の3つである。しかしながら地域にあるのは小規模事業者がほとんどであり、地域資源を活かして事業化しようとしても、商品（サービス）開発、情報発信、集客といった点でハードルが高く、これら事業者を支援するサポート体制を整えることが必要と

なってくる。小規模事業者にかわって商品開発のアドバイスを行い、情報発信を行い、集客支援の役割を担っているのが別府で生まれたハットウ・オンパクである。

◆ハットウ・オンパクの魅力

◇別府再興のきっかけとなったイベント「オンパク」

　1980年代まで「東の熱海・西の別府」と並び称される大温泉地・別府は、高度経済成長期から団体客を中心に繁栄を誇った。ところがバブル崩壊以降、他の大型温泉地と同じく、団体客が激減して衰退期を迎える。その別府の再生にひと役買ったのが、2001年秋から始まったオンパクの取り組みである。オンパクは「別府八湯温泉泊覧会」の略称で、地域の魅力の発掘と発信、地域人材の育成、地域資源を活かした多彩な集客交流サービスの創出等を目的とする地域活性化の取り組みだ。

　オンパクを生み出しプロデュースするのはハットウ・オンパクというNPO法人。同団体は2012年まで計17回のオンパクを実施してきているが、最近では約1か月弱の期間中に100を超える多彩な体験プログラムが開催され、3,000人を超える参加者が地域内外から参加するまでに成長した。さらにそこには200を超える地域内の事業者が参画しており、幅広いステークホルダーを巻き込んだ地域活性化の手法として全国的にも注目されている。いまでは別府のみならず全国各地において、この手法による地域づくりが広がりを見せている。

◇ハットウ・オンパクのプログラム

　オンパクの生みの親であり、旅館を経営しながら別府の盛衰を見てきた鶴田さんは「観光は、電気・鉄・自動車・ITといった産業とは基本的に異なります。企業を育てれば産業が育つという話ではないからです。観光は地域に根づいているものだから、一企業だけがいくら頑張っても観光によ

芸者によるお座敷遊び（提供：NPO法人ハットウ・オンパク）

秘湯への探検ツアー（提供：NPO法人ハットウ・オンパク）

キッズオンパク（提供：NPO法人ハットウ・オンパク）

る地域振興はうまくいかないのです」と語る。いくら立派な宿があっても地域が疲弊すれば、いずれその宿も駄目になる。観光振興は、観光産業の人たちだけの話ではない。地元の市民や地場産業、中小零細の事業者たちみんなが一所懸命がんばって地域を元気にしながら、お客様を呼び込んでいくという構造をつくらないとうまくいかない、ということに気づいたのである。

そしてまずは仲間たちとともに地域再生のネタ探しに取り組んだ。意欲ある地元の人たちを集め、「温泉を活かした新しい産業の創出」に結びつくよう、①温泉と健康（癒しと美）、②天然温泉力の体験、③地元ならではの食、④自然体験と広域プログラム、⑤散策による地域文化の体験、という5つのテーマを設定して、オンパク・パートナーと呼ばれる地域の事業者がプログラムの提供を行う「仕組み」を整えた。年2回開催される約3週間のオンパク期間中、100種類あまりのプログラムが開催される。

これら地域の魅力を伝える体験プログラムの大部分は、オンパク・パートナーによって企画運営される。オンパク・パートナーは観光関連事業者も含まれるが、その多くは地域づくり団体・個人・商店街関係者・学生など多彩な主体により構成される。プログラムの種類も「まち歩き」「自然体験」「文化」「健康」「地域体験」「温泉」などバラエティ豊かで、多様化する顧客ニーズに幅広く応えることが可能であり、一定期間に集中的に開催することで希少性という価値もあわせ持っている。このような「小」「集」「短」という要素がオンパクの特徴であり、これは従来の大型観光イベントと正反対とも言える。

オンパクのなかでも人気プログラムの1つは散策。いわゆるまち歩きだ。ガイドが語る古い別府の物語を聞きながら「別府はこんなまちなのか」とあらためて思い、その魅力に深くふれることができる。

近年、あちこちで流行っているまち歩きだが、別府では1997年からその取り組みが始まった。まち歩きを始めた意図は、地元の人自身がもう一度足元を見直すことだった。衰退した観光地ほど、足元をだんだん見なくな

る。「地域に住んでいる人間が自分の地域を知ることがまち再生の基本。つまり、まち歩きは地元の人が地元を知るため、まちづくりのためにある」と鶴田さんは言う。

　別府では地元の人たちがまち歩きをするうち、いつのまにかそれが観光客向けの商品になり、まちを回遊する観光客が増えていっていた。オンパク開催期間中に限らず、別府では常時17コースのまち歩きプログラムが実施されていて、8つの温泉地それぞれで異なる魅力が体験できる。いまでは年間1万人以上が別府のまち歩きを楽しんでいる。

◇キーワードは「復元」と「日常食」

　まちの顔というのは、朝・昼・夜でそれぞれ異なる。別府で大ヒットしたのが、流しのはっちゃん、ぶんちゃんがガイドについて夜の街を歩くプログラムや、芸妓遊びを楽しむというプログラムだ。別府のまち歩き商品のなかでは一番高額だがよく売れている。

　ここでカギとなるのは、消えゆくものや忘れられていたもののなかにある宝の再発見である。一度は消え去った「流し」やリタイアした「芸妓さん」たちを現場復帰させ、商品を再構築して現代のマーケットに訴えかけた。かつては男の文化だった夜の芸妓遊びだが、復活した芸妓遊びプログラムの参加者のほとんどは女性同士か夫婦である。古いものを復活させて新しい商品をつくると客層が変わることもあるという例だ。

　もう1つ、地域を体験するプログラムに必要不可欠な要素が「食」だ。その地でしか食べられない、たとえば農家の女性たちの手料理などはオススメだ。たとえば、まち歩きと地元のお惣菜をセットにして、女性が1人で経営するような小料理屋へ行き、自慢の一品を出してもらうプログラムがあってもいい。また、最近流行りのB級グルメも集客力がある。別府では、さまざまな店で食べられている鶏天（鶏のてんぷら）めがけて多くの人が押し寄せる光景が見られる。地元の人にとって当たり前の「日常食」が来訪者にとっては魅力的であり、それが商品になる。

◆ハットウ・オンパクはまちづくり

◇オンパクのもつインキュベーション機能

　地域資源を活用した着地型と呼ばれる商品群は、主に遠隔地から来る来訪者、つまり観光客を想定して商品がつくられている。ところがよく聞いてみると、オンパク参加者の7割以上は地元の人たちだという。大温泉地・別府で生まれたオンパクの参加者が、じつは地元の人が中心と聞くと「オンパクは観光振興の取り組みなのだろうか？」と違和感を抱くかもしれない。果たしてオンパクの意図するところはどこにあるのだろう。

　こうした疑問に鶴田さんは「オンパクに参加するパートナーさんたちは、オンパクを新商品のテストマーケティングのチャンスととらえ、さまざまなチャレンジを試みることができるのです。そうしたチャレンジにより小さな成功体験を得たパートナーは大きく変化をはじめるんです」と、その考え方を説明してくれた。前述のまち歩きや散策プログラムをはじめ、オンパクへの参加をとおして、温泉資源を活用したエステや食のサービス、農村での体験プログラムなどが人気を博して成功を収め、その後、それらが事業化されて日常的なサービスとして定着している。地域の中小の事業者たちがオンパクへの参加を繰り返すことで成長し、時に連携しながら地域資源を活用した多彩な集客交流サービスが生まれ続けている。つまりハットウ・オンパクは、単なる集客イベントというより、地域の事業者が新たなサービスや商品を生み出すことを支援する取り組みだと理解すれば、その意図と構造を理解するのが容易になる。これはハットウ・オンパクが持つ特徴的な「インキュベーション機能」といえるだろう。鶴田さんも「地域住民は、観光客と比べ集客のコストがかからずリピート率も高いのでインキュベーション効果はむしろ高い」と言う。

　地域の再生において重要なのは、効率よく地域資源の発掘と人材育成が行われ、その結果として日常的な多彩なサービスが生まれてくる環境を整えることだ。まちづくりや着地型観光も10年続けているとブランド力が

ついてくる。「オンパクに商品を出せばお客さまが来てくれる」という信用が生まれ、事業者はオンパクの看板を使って仕事を発展させる。毎年のようにオンパクを続ける理由は、地域事業者の育成にあることから、パートナー事業者からは参加手数料は取らず、代わりにオンパクのガイドブックへの広告掲載料をもらう形をとっている。ハットウ・オンパクでは、この仕組みを「地域の苗場」と表現している（図3・5）。

最近は、ウエルネス系（美容と健康をテーマにしたエステなど）事業者や飲食関係の事業者間でコミュニティビジネスも始まっている。このなかにはオンパクへの参加が契機となって起業した人もいる。

ハットウ・オンパクは、このように地域の事業者をサポートしていく中間支援組織であり、いわゆるプラットフォームの役割を果たしている。また別府市という自治体エリアを超えて着地型商品を手掛けて観光まちづくりを進める事業組織でもある。

「中間支援組織としてハットウ・オンパクが機能し続けるためには、商品を常に80％の稼働させること。そうでなければ事業者を育てることもできない」と鶴田さんは言う。実際、ハットウ・オンパクのプログラムの稼

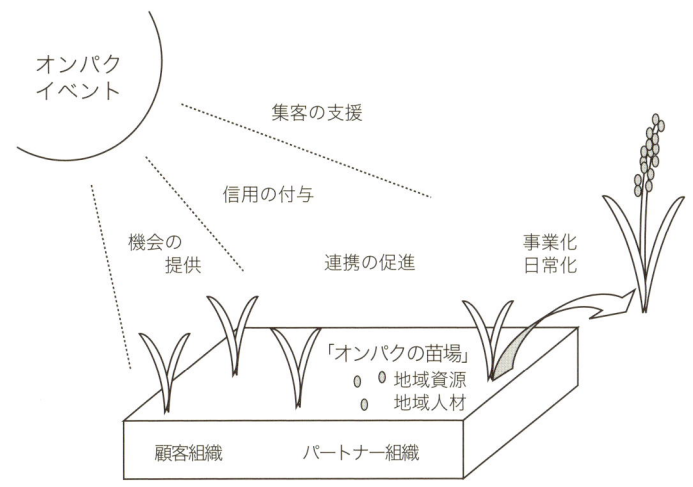

図3・5　オンパクは地域の苗場（出典：NPO法人ハットウ・オンパク）

働率は 80％ と極めて高い。毎回、プログラムごとに詳細に満足度を分析して事業者にフィードバックしており、それが次回の商品づくりに活かされているからだ。また、ハットウ・オンパクの集客交流事業を安定的に支えているのが約 6,000 人のコアとなるリピーターだ。オンパクのプログラム参加者として登録した人のリピート率は極めて高い。個人情報を提供してくれた人に案内を送っているが、どんどんリピーターになっていくのである。「顧客の囲い込みと地域の事業者との連携の 2 点を押さえることで、集客交流事業は地域の産業おこしの 1 つになり得るのです」（鶴田さん）。

◇ そこにしかないものを大切に残す

　かつて栄えた旧来型の温泉地が、湯布院や黒川のように一躍有名になったブランド力のある温泉地と同じことをしようとしてもうまくいかない。地域の特性・風土・文化などによって商品のつくり方、プロモーションの方法も変わってくる。

　別府はこの 20 年間で宿泊客が約 420 万人から 370 万人にまで減少した。しかしこの数字は他の大型温泉地と比較すると、その下げ幅が、さほど大きくない。別府の宿泊客数の減少にブレーキがかかっている 1 つの要因として、オンパクにみられるまちづくり（地域再生）の取り組みがあげられる。バブル崩壊以降、別府と同じく宿泊客数の減少にブレーキがかかっている大型温泉地に、草津温泉（群馬県）や有馬温泉（兵庫県）があるが、いずれも別府同様、観光事業者がまちづくりに盛んに取り組んでいる温泉地だ。

　まちづくり（地域再生）のポイントについて鶴田さんはこう話す。「簡単に言うと、そこにしかないものを見つけること」。そこにしかないもの、それは案外、地元の人が気づかなかったものだったりする。別府におけるその 1 つは 1938 年にできた別府の共同浴場・竹瓦温泉だった。鶴田さんは、この趣ある共同浴場を利活用して復活させ、ここを拠点にまちづくりをスタートさせたという。同時に、消防法により安全性の面から壊すことを余

竹瓦温泉

儀なくされていた竹瓦温泉向かいにある1921年設置の全蓋型木造アーケードも、竹瓦温泉とともに残そうという運動を起こした（現在では竹瓦温泉とともに、近代化産業遺産に認定されている）。当時2万人ほどだった竹瓦温泉の客が、いまでは15万人にまで増加した。

　竹瓦温泉や木造アーケードなどが残り始めると、まちのなかにさまざまな人が現れてくる。先代で途絶えていた明治からの老舗旅館では娘さんが帰郷し、旅館経営は無理でもイベントならと活動を始めた。地元女性たちが経営するカフェもできた。こうした人の集まるサロンが新たなまちづくりや集客交流の拠点となっていく。現代まで生き残ってきた、かつての技術が光る芸術性のある建物や空間を残し、それらをギャラリーやイベント会場として上手に使うことで新たに魅力的な空間が誕生する。

◇別府のまちづくりに活躍する女性とマニア

　鶴田さんは言う。「不思議なことに、カフェも旅館もどうも本気で残そうとするのは女性。男性は壊してつくるのは得意ですけど…」。やはり、まちづくりやプログラムづくりに欠かせないのは女性の力だ。初めて別府を訪れた人のなかには、火事と見間違う人もいるほど稀有な景観として知られる別府の湯けむりだが、10年ほど前、別府に408本の湯けむりが立ちのぼっていることを調べた学生がいた。これも女子学生だった。「女性には男性とは違う視点で地域の魅力を発見し、それを活用する能力があるのかもしれない」（鶴田さん）。

　また、これら女性とともに別府のまちづくりに重要な役割を果たした「よそ者」がいた。どの地域においても、自分たちの持っている宝の価値にはなかなか気づかないものであるが、別府の人たちに温泉という地域の宝に気づかせてくれた「よそ者」とは、温泉マニアの人たちだった。彼らは別府の温泉の価値を再認識させてくれただけでなく、ハットウ・オンパクのコアとなる顧客、つまりリピーターにもなっている。そんな温泉マニアの提案によって実現したのが「別府八湯温泉道」という仕掛けである。

　日本一の源泉数と湧出量を誇る別府八湯のなかから、厳選された88の温泉に入ると『温泉名人』の称号が与えられ、黒の金刺繍タオルがもらえるというマニア垂涎の企画だ。黒の金刺繍タオルを持って他地域の温泉に入ると、温泉マニアの間で尊敬のまなざしで見られるという。

　2001年にはじまったこの企画、毎年100人ほどの温泉名人が誕生し続けているというが、これらの人たちが八十八湯を制覇するため何度も別府に足を運んだことを考えると、極めて優れたリピーター集客の仕掛けであり、その経済効果は決して小さくない。

　さらに、この温泉道からNPO法人ハットウ・オンパクのヒット商品も生まれている。毎年、同法人が出している『温泉本』だ。スタンプが押せる温泉施設が掲載され、「温泉道」を志向する人たちは必ず買うという別府八湯の温泉ガイドで毎年5万部を発行。増刷も珍しくない人気商品だ。

◇地元の目で地元の価値を高める

　鶴田さんは言う。「温泉道のようなオンパクとは別のところで動いているプログラムがあるなど、各事業者がオンパクで新しい商品を試しつつ、日常的にも情報発信をしていくことで別府全体が活気づいているように見えてくる。特に情報発信力がある人や事業者には、力を入れて情報発信をしてもらうことが大切。この点が集客交流や着地型観光の成功のカギとなるのです」。

　オンパクがそもそも最初に考えたのは、隣まちの人が別府に来て、地域のプログラムを体験し、面白いと思ってもらって情報発信をしてもらうことだった。この取り組みは、従来の観光振興とは手順が異なっている。従来は、地元や隣まちはほうっておいて、首都圏や京阪神で「別府に来て下さい」と宣伝して集客に力を注いだ。しかし衰退温泉地であった別府では、自分のまちや隣まちの人に地元の価値を知ってもらい、情報発信してもらうことで地元の価値をもう一度高めていくこと（再生）が不可欠だった。そしてオンパクの取り組みにかかわりながら事業を継続し、新しい商品を生み出していく人が増えれば増えるほど、別府は再生路線に乗って集客交流の機能が高まっていくという考え方がベースにある。

　ハットウ・オンパクのケースから分かるのは、衰退した観光地の場合は、一過性のイベントや派手なプロモーションを展開するよりも、地域の再ブランド化が優先されるということだ。そして別府は、着地型商品を再ブランド化の有効な手だてとして活用して成功した例といえる。

図3・6　『温泉本』表紙（監修：NPO法人ハットウ・オンパク、発行：おおいたインフォメーションハウス㈱）

ケース3　㈱南信州観光公社

日本有数のランドオペレーターとして教育旅行を推進する

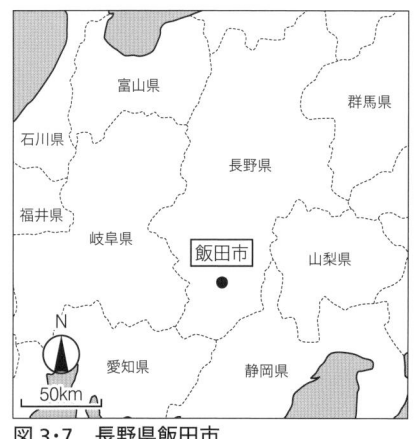

図3・7　長野県飯田市

● 飯田市
・南アルプスと中央アルプスに囲まれた長野県南部に位置する。
・人口10万6,000人（2008年11月現在）、下伊那郡とあわせると18万人。
・市の約8割が森や林に囲まれている。
・1995年のデータによると、飯田市を含む近隣18市町の観光入込数は、県全体の3割を占めていたものの、宿泊は2割未満、観光収入は140億円で、典型的な通過型の地域だった。

◆ほんもの体験を核とした教育旅行

　早春のある晴れた日のことである。教育旅行と思われる中学生くらいの子どもたちが、農家の人たちから指導を受けながら田んぼで田植え体験（らしきこと）をやっていた。一列に並んだ子どもたちにハンドマイクから指示がとぶ。田んぼの土に、ひざ近くまで足をとられて動きにくそうだが、みな歓声をあげながらこの体験を十分に楽しんでいる様子がうかがえた。先生たちもいっしょになって、じつにほほえましい光景に見えた。

農家民泊
農家に宿泊しながら農作業を手伝い、農家と語らうことで農業や里山の大切さを学ぶ
（写真・文提供：㈱南信州観光公社）

田植え
田んぼに入り、昔ながらの手植えによる作業に挑む。汗を流し、一列に並んで仲間と1枚の田に田植えを完了したときに労働の達成感を味わえる。植えた稲は、農家の方が収穫まで大事に育てる （写真・文提供：㈱南信州観光公社）

酪農農家体験
餌やりや糞尿の掃除・子牛の世話等そのときにある酪農作業を手伝い、また酪農家の話を伺う。生き物相手の仕事の大変さや人との関わりを学ぶ
（写真・文提供：㈱南信州観光公社）

土笛作り
インストラクターはプロの陶芸家。粘土の基本的な扱い方を学ぶ。オリジナルの土笛が出来上がったときの達成感は格別
(写真・文提供：㈱南信州観光公社)

　そのときのことである。突然、雲行きが怪しくなり雨が降り出したのである。子どもたちの声は歓声から悲鳴にかわった。「大変だ！　どうするんだろう」と成り行きを眺めていると「みなさん、こちらにきてください」と指示が飛んだ。生徒たちはいっせいに田んぼから出て、舗装された道路の街路樹に沿って一列に並んだのだ。

　「なにがはじまるんだろう？」。わたしは近くへ車を移動し、少し心配になってその様子を眺めていた。すると街路樹に沿ってビニールパイプが施設されており、そこからちょろちょろ水が流れでている。子どもたちはその水で足を洗っていたのだ。続いて「足を洗った人は、こちらで早く着替えてください」とその近くの小屋へ子どもたちを誘導した。これは南信州観光公社がある飯田市で遭遇した光景だ。

　飯田は農業体験をメインとする教育旅行の受け入れで知られるが、あらゆる場面を想定して具体的な対応策が組まれていることに驚くとともに、その人気の秘密にふれたようだった。

◇教育旅行による「通過型」から「滞在型」への転換
　1995年、飯田市商業観光課は「通過型」から「滞在型」への転換を図るため、自然体験教室・林間学校・修学旅行といった「教育旅行」に絞り込

んだ事業展開を図ることを決め、その受け入れ窓口を飯田市役所内に設置した。そして翌96年の年明け早々、学校宛にパンフレットを送付し、同年6月にはじめての教育旅行の受け入れが実現した。この最初の受け入れにより手ごたえと確信を得て、学校だけではなく教育旅行を扱う大手旅行会社にも積極的に営業活動を展開し、受け入れ校数を増やしていった。

当初は日帰りの教育旅行を受け入れていたが、98年から農家での民泊を組み込んだ宿泊型の教育旅行もはじめ、その数は2000年に71校にまで達した。近年では、農業や田舎体験などを組み込んだ修学旅行を実施する学校が増えているが、南信州観光公社の取り組みは、こうした教育旅行の「はしり」といえるだろう。

飯田市の事業として順調に受け入れ校数を伸ばしてきたが、年々増加する民泊の需要に対して飯田市内の農家だけでは対応しきれなくなり、周辺市町村との連携を図ることで広域の取り組みへと事業は広がっていった。そして、この事業の窓口が飯田市であることに、いくつかの問題が浮上してきた。広域連携が必要な事業であることとともに、担当者の異動による継続性のなさが不安視されたのである。そこで継続性を確保するため法人を設立し、行政もしっかりとかかわった組織をつくろうということになった。

2001年1月、域内18市町村のなかの5市町村と、JAみなみ信州、信南交通をはじめとした10の地元企業・団体の出資により㈱南信州観光公社（資本金：2,965万円）が設立され、代表取締役に飯田市長が就任した。さらに経営の中核を担う人材として、飯田市に送客する立場の旅行会社に勤めていた高橋充さんを招き入れ、設立と同時に旅行業3種、そして2004年には旅行業2種の登録を行った[注1]。

ちなみに、ここまでの経緯を少し振り返ると、飯田市と周辺市町村との連携については、1994年に飯伊広域行政組合が発足し、99年に南信州広域連合が設立されている。観光に関しては飯田市が中心となって域内観光担当課長会議が開かれ、各市町村長や議会とも情報の共有を図った。しかし

関連市町村すべてから合意をとりつけることが難しかったため、希望する市町村だけで連携することにして、同社を設立したのである。関係者全員の合意ではなく、趣旨に賛同する者だけが集まってスタートするこの方式をJTBツーリズムマーケティング研究所（現・JTB総合研究所）の中根裕さんは「この指とまれ方式」と呼んでいる。

その後、出資する市町村も徐々に増え、最終的には全18市町村が連携するに至った。そして設立から3年目の2003年には民間から代表取締役が選任される。ここまで自治体が負担した公的資金は、1996〜2002年の間に約1,200万円（公社設立時に940万円）となっており、これ以外の支出はない。補助金などの公的支援に依存せず、旅行業を主とする事業展開により自主財源を獲得して事業の継続性を支える体制を整えた。

◇キーワードは「ほんもの体験」

飯田市では『感動体験南信州』と銘打ち、130以上のプログラムを用意している。2000年まで体験観光の受け入れは、飯田市商業観光課（飯田観光協会）が、営業・手配・精算・現地コーディネートを担当していた。2001年度からは、前項で述べた南信州観光公社が設立され、それら業務を引き継ぎ、旅行会社を含む利用者と現地受け入れ先との調整やバスルートの設定などを行っている。

南信州観光公社の取り組みは、南信州にこだわり、ここで生きる人たちのなかに都市部の方たちに入ってもらって「本物を伝える」ことを基本理念にしている。この「ほんもの体験」とは、南信州に暮らす人たち自身がインストラクターや案内人となり、来訪者とともに普段の仕事や暮らし・趣味を一緒に楽しみ、地域の自然や歴史を散策したりする体験のことであり、単に来訪者が農山村の暮らしを学ぶだけではなく、地域に暮らす人びとの生業やありのままの暮らしのなかに参加者が深く入り込み、地元の人たちから援助や指導を受けながら感動を共有し、人と人とのふれあいを通してお互いが高まりあうことをめざしている。

そば打ち体験、五平餅づくり、イチゴジャムづくり、田舎料理体験、アップルパイづくりなど、地元のホンモノの暮らしを体験することで生まれる感動が、子どもたちをより良く変え、一方で受け入れる地域の人や集落そのものも自信と元気を回復し、同時に農家が自らの持つ力（教育力）に気づいたり、生産意欲を高める刺激につながっていくのである。

　こうした活動に対する地元農家の姿勢は多様だ。前向きな人は「受け入れる側も自分たちに付加価値をつけていかなければ生き残れない」と、簡易宿泊所や食品衛生の許認可を積極的に取得するほか、民泊受け入れに役立つ機器を購入したり、囲炉裏をつくるなど設備投資するケースもある。簡易宿泊施設の認可を得ている農家は200軒以上、周辺町村も含めれば350軒を超えている。かつて養蚕王国と呼ばれた飯田市の農家が所有する広大な家屋敷を生かして農業経営の柱の1つにしたいという希望もあるようだ。一方で「お金は後からついてくるもので、心のこもった交流が優先だ」という人もいる。

　かつて筆者は、都市部在住のシニア層を対象とする「りんごの木オーナー制度」という事業にかかわったことがあるが、地元の方々の元気な姿とともに交流事業にとても慣れている姿に驚いた経験がある。マイクを握って話しかける言葉はじつに流暢で、過不足ない情報をユーモアを交えながら上手に伝えていく。失礼かもしれないが農家のオヤジさんの話とはとうてい思えない見事なスピーチで、顧客の信頼を得るには抜群の効果がある。その一方で、田舎の空気感が感じられなかったことも記憶している。

◇のべ5万人が体験プログラムに参加

　南信州観光公社の設立とともに飯田市への来訪者数は年々増加している。2008年は、教育旅行115団体、体験プログラムの利用者数はのべ5万人（実数1万7,000人）にのぼる。修学旅行の誘致に取り組むエリアは当初から変わらないが、近年は関西方面からの利用者が増加しているという（図3・8）。

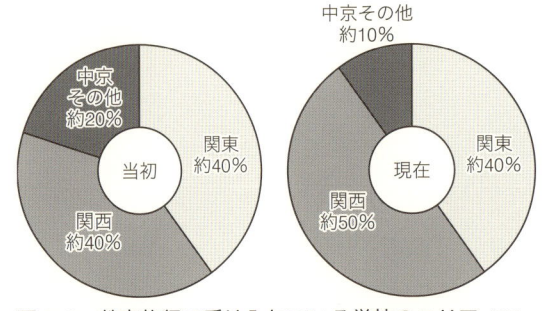

図3・8 教育旅行で受け入れている学校のエリア（出典：『平成20年度持続可能な観光まちづくり事業体の創出支援調査事業報告書』観光庁、2009）

毎年受け入れている教育旅行団体の約70%がリピーターだ。1年おき、または3年おきに来る団体もあるため、受け入れを行う教育旅行全体の約90%がリピーターといえる。時期は、5〜6月が年間入込の80%を占めていたが、ここ数年は5〜6月が年間入込の約70%と相対的に減少し、3〜4月、7〜10月が増加してきている。

利用者から徴収するプログラム料の収益配分は、80%が受け入れ先、10%が旅行会社、10%が公社の収入となっている。また民泊を伴う受け入れの場合、必ず1泊は民宿など地元の宿泊施設に宿泊することを条件としている。公社の事業は観光による地域振興を目的にしているため、送客した宿泊施設からは手数料ではなく「協力金」という名目で料金の5%を徴

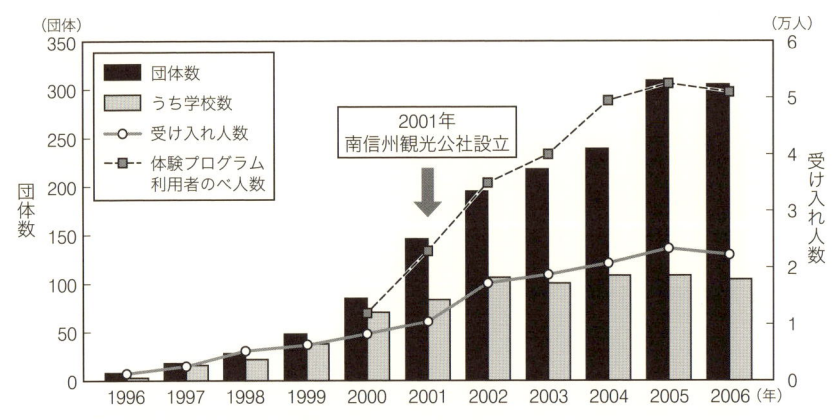

図3・9 南信州観光公社の体験観光の受け入れ状況（出典：『平成20年度持続可能な観光まちづくり事業体の創出支援調査事業報告書』観光庁、2009）

収している。

観光庁の報告書[注2]によると同公社の年間売上は約2億円（教育旅行80%、視察・研修20%）、粗利が3,000万円となっており経費の約50%を人件費が占めている。

◆農業と観光をはじめとする行政各課の連携

飯田市では教育旅行の受け入れのほか、ワーキングホリデーの受け入れや南信州あぐり大学院などの農業を基盤とした取り組みが行われている。飯田市周辺の農業についてみてみると、生産振興と大量販売だけに頼った農業振興策は限界と考えられていた。地形的な制約から規模の拡大が困難であり、農産物の価格低迷や農業従事者の高齢化・後継者不足などから農地の遊休荒廃地化も急速に進み、農業者の約3割は65歳以上で、いかに後継者を確保していくかが喫緊の課題でもあった。

こうした背景のなかで進められる南信州観光公社の取り組みは、農家が普通の生活・生産活動のなかに都市生活者を招き入れ、双方向でよい刺激を与えあいながら活性化することを目的としており、グリーンツーリズムを農家の所得向上の1つの方策として確立し、従来の取り組みとは別の角度から農業振興に取り組むことで販路を拡大し、農業後継者を育成することに結びつけていくことを意図している。もちろんのこと、その延長線上には定住人口の増加をも見すえている。

1980年代から言葉としてずっと言われてきた「都市農村交流による地域の活性化」という命題が具体的なカタチで成功しているケースといえるだろう。こうした成功を収めている要因は南信州観光公社の存在のみならず、飯田市農政課の永年にわたる人づくりへの取り組みがあったことも忘れてはならない。

ケース4　NPO おぢかアイランドツーリズム協会

観光による離島振興を図る

●小値賀町(おぢかちょう)
- 離島からなる小さな町。小値賀島を中心に大小17の島々からなる。
- 人口2,922人（2008年現在）、高齢化率は長崎県下一の42.3%。
- 本島向かいの無人島・野崎島は周囲16km。野生の九州シカが生息しており、隠れキリシタンが建てた美しい教会がある。
- 島へのアクセスは船のみ。佐世保港からフェリーが2便（約3時間）など。

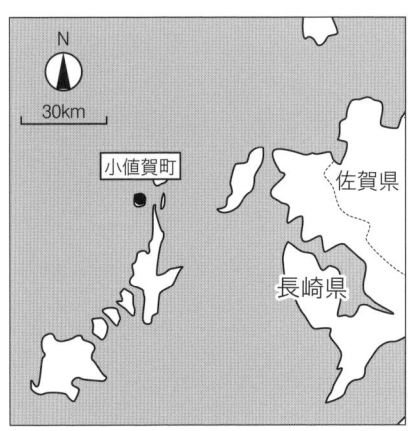

図3・10　長崎県小値賀町

◆秘境を武器に観光を島の新たな産業に

　小値賀町の基幹産業は、長らく農業と水産業であった。だが徐々に衰退し、現在は公共工事も減少している。高校を出ても島内に仕事はなく、若者はほとんど島に残らない。こうした状況がすでに20年以上続いており、いまも年に100人ずつ人口が減少しているという。

　平成の大合併の際は、長崎県内の離島の中で唯一合併しなかった町でもある。佐世保市や周辺離島との合併を巡り、島を二分する議論が展開され

島を訪れた海外の学生たち （提供：NPO法人おぢかアイランドツーリズム協会）

たが、その過程で島民が病院や高校の存続が危ぶまれる島の現状を認識し、島の将来を真剣に考えるようになっていった。そうしたなか、島外からの移住者である高砂樹史さんの、観光を小値賀の新たな産業に育てようという呼びかけに対し、次第に賛同の輪が広がっていった。

◇元劇団員のキーマン登場

　高砂さんは、大阪生まれの大阪育ち。2000年、勤めていた秋田県の劇団を辞め、同じく都会育ちの奥さんとともに子育てによい環境として気に入った小値賀島に移住した。田畑を耕し半農半漁の暮らしをしながら観光の仕事を始めた。

　最初は観光の仕事に携わるつもりはなかったと言う。「でも、子どもにとってのふるさとを無人島にしないためには若い人に仕事をつくっていくしかない。それには観光か物産しかないと考え、まず観光に着手すること

にした」。

2001年、野崎島にある廃校となった元・小中学校を宿泊施設に改装して「島の自然学校」を設立した。まずは、この自然学校の運営からスタートしてカヌーやトレッキングなどの体験メニューを整備。続いて2005年3月、長崎県が旅館業法の規制緩和を行ったことを機に、2006年から島民に協力を依頼して小値賀本島において民泊を開始。漁業体験・農業体験など島民の暮らしとふれあいを核にした体験メニューを整備していった。

2007年には、野崎島の「自然学校」、小値賀本島の「民泊組織」、そして任意団体だった町の「観光協会」の3つを統合した小値賀観光のワンストップ窓口をめざすNPO法人おぢかアイランドツーリズム協会を設立した。同協会は、島民30人に1人が会員という地域ぐるみの活動へと発展し、島外にも協力者やファンを拡大していった。

◇ NPO法人化で自立した顧客志向の組織へ

NPO法人化したのは、「任意団体の気分から抜け出し、顧客志向の民間組織になっていく意識改革」（高砂さん）だった。いわば、小値賀町という行政機構からの独立である。それまで観光協会と自然学校がもらっていた年間800万円近い運営補助金からの脱却をめざし、実際2年目から運営補助金ゼロを達成したのである。

小値賀のプログラムのポイントは、野崎島でのワイルドな自然体験と小値賀本島での民泊による島の暮らし体験である。野崎島では、元小学校の木造校舎を改装した宿泊施設に滞在してもらい、昭和30年代の古き良きまちなみの残る小値賀本島では民泊体験をとおして小値賀の暮らしを存分に楽しんでもらう。当初、趣旨に賛同して協力してくれたのは、わずか7軒だった民泊受け入れ家庭も、いまでは50軒を超えるまでに増えた。

旅行代理店での最初の頃の営業トークでは、いかに遠いところにあるかをごまかしながら喋っていたという。「でもそのうち、『秘境』を売りにしようと思うようになった」（高砂さん）。都会から遠く離れた場所にあるか

民泊の様子　(提供：NPO法人おぢかアイランドツーリズム協会)

らこそ、残された豊かな自然と暮らし（＝アイランドツーリズム）を味わってもらうことが価値になると考えたのである。

　事業規模は2009年度時点で約1億円に達する。その3分の1は、国・県・町からの事業委託。これにはフェリーターミナルの管理や島のなかの園地（国立公園）の管理なども含まれている。

◇海外からの教育旅行の受け入れでブレイク
　来訪者は、団体の場合ほとんどが九州からで、特に多いのが福岡と佐賀。意外と長崎県内からは少ない。メディアへの露出が増えたことで、テレビや雑誌などを見た個人客も増えてきている。東京、関西といった大都市圏からが多く、「雑誌を見て来た」という女性のグループや熟年夫婦だという。来島客の5％が海外からというのも特徴だ。
　ブレイクしたきっかけは、2010年で4年目を迎えるアメリカの高校生の受け入れだった。アメリカの民間教育団体「ピープル・トゥ・ピープル」

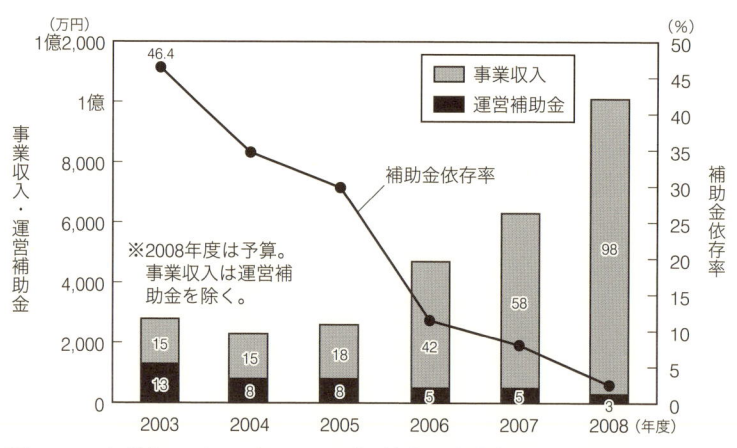

図3・11　おぢかアイランドツーリズム協会の事業収入と補助金依存率の推移　(出典：NPO法人おぢかアイランドツーリズム協会)

が主宰する世界全48コースの国際親善大使派遣プログラムのなかで、平戸・小値賀プログラムが2年連続の顧客満足世界一に選ばれたのである。現在、オーストラリアの旅行会社からも月2本のツアーが入っているという。また韓国からはグリーンツーリズムの視察や野崎島を使っての企業研修もある。

　修学旅行は2009年度に4校、2010年度は5校受け入れているが、これらは旅行会社との契約により受け入れ校数を伸ばしている。そのほか、夏・冬・春休みに、子ども会、YMCA、学習塾などの合宿の子どもたちを受け入れている。自然体験学校時代から10年間続けている「子どもキャンプ」は半分がリピーターだ。

◇誘客のための3つのポイント

　「誘客で大事なことは3つある」と、高砂さんは言う。1つ目はリピーターをつくること。そのためには「単なる満足ではなく、大満足をしてもらう」ことが必要だ。たとえば仕事仲間で来た客が次に家族を連れて来たり、その逆もあるなど、口コミの力は大きいからである。

2つ目は広報。NPO法人を設立したときのスタッフは5人。それなりのスキルのある人間を雇い、当初から広報担当を置いた。メディアから取材申込みがあった場合、まずは良い記事を書いてもらうために、どれだけ地域の魅力とそのストーリーを提供できるかが重要となる。小値賀の食（魚）をテーマに取材に訪れたある雑誌は、結局、「旅・おぢか」という10ページにわたる特集を組んでくれた。広報担当者の力である。地元が大事にしているものがきちんと伝われば良い記事になり、良い記事が出ると他のメディアがそれを見て次々に取材に訪れる。

3つ目は営業。「地を這うような営業をしている」と高砂さんは笑う。修学旅行以外は、見込み客を一軒一軒まわって営業した成果だ。人のつながりを生かしてアタックするなど、いまでも高砂さんを中心に地道で精力的な営業活動を展開している。

◆小値賀まちづくり公社を設立しグループを形成

◇古民家を活用した新たな客層へのアプローチ

小値賀の取り組みは、こうして飛躍的に事業規模も業務内容も拡大を続けるが、来訪者数も雇用者数も、ともにまだ島の課題を解決するには至っていない。日本全国で団塊世代の次に多い団塊ジュニアの数が小値賀では少ない。つまり子育て世代がいないのである（図3・12を参照）。

いまの小値賀島への顧客層は、青少年と団体客が8割を占めている。2009年から始めた修学旅行で来訪する子どもたちの数は、島の観光客全体の2～3割だ。だが「おそらくそれ以上は伸びないだろう」と高砂さんは考えている。教育旅行の誘致合戦が激しくなってきているだけでなく、そもそもわが国の国内旅行全体の8～9割は大人の個人旅行だからである。

そこで、個人客にも対応できる新たな事業に着手することにした。京都で町家を改修して観光客に貸し出している㈱庵（いおり）と共同での古民家再生事業である[注3]。江戸時代に捕鯨で栄えた小値賀には、築100年を越える立派

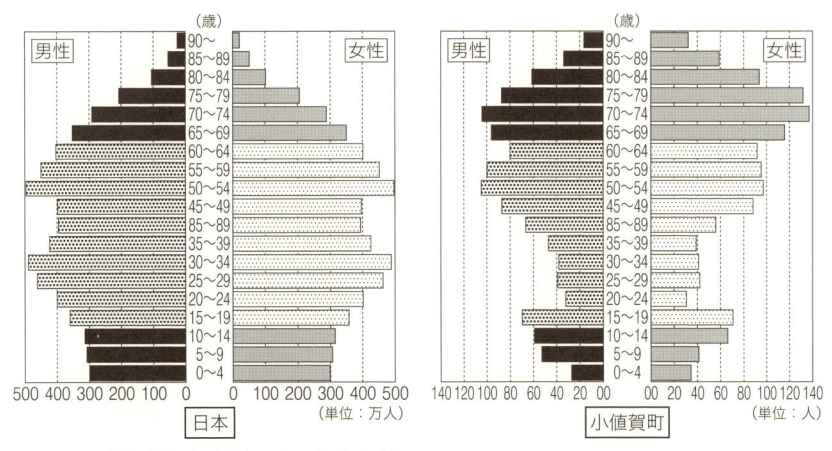

図3・12　小値賀町と全国の人口分布比較（出典：NPO法人おぢかアイランドツーリズム協会）

な古民家が残っていた。そのうちの4軒の古民家を改修して一棟貸しする宿に、さらにもう1軒の築170年、江戸末期に建てられた古民家を創作和食のレストランに改修することにした。改修にかかる約2億円は、各種補助金を活用し、小値賀町の支出はそのうち1割程度だ。まず古民家は持ち主から町に寄付される。そして公的資金を活用して建物を改修し、美しくなった古民家の運営を担う組織として、2009年4月、島民も出資する㈱小値賀まちづくり公社（以下、「まちづくり公社」）を設立した。

翌年2010年9月に「古民家ステイ＆レストラン」がオープン。古民家再生事業で狙うのは、「それなりのサービス」を期待し、「上質な旅を求める大人層」である。単価4,000～6,000円で大人が満足できる体験プログラムなどの商品を開発し、1泊2日で1人3万円ほどを島に落としてもらえる顧客を獲得したいと考えている。古民家再生事業でめざすは3億円の売上だ。

◇おぢかアイランドツーリズム・グループでワンストップ窓口を実現

㈱小値賀観光まちづくり公社を設立し、NPO法人とで、おぢかアイラン

築100年を越える古民家を改修した庵の宿（提供：NPO法人おぢかアイランドツーリズム協会）

ドツーリズム・グループを形成し、さらに雇用の拡大をめざしている。観光での売上高を、NPO法人の1億円からグループ全体で5億円へと拡大する計画である。

「まちづくり公社」が旅行業登録を行ったことで体験プログラムの手数料（民泊料金：一人6,300円の30％）のほか、民泊の予約手配や船のチケット手配などからも手数料がとれ、さらに宿と体験プログラムに船のチケットをつけて2泊3日の旅行商品として販売することも可能となった。もちろん、これら旅行商品を他の旅行会社の窓口やインターネットで販売して

もらうこともできるのである。

　現在では、おぢかアイランドツーリズム・グループのワンストップ窓口機能をまちづくり公社が担い、おぢかアイランドツーリズム協会は各種体験の提供を行うといた役割分担をしている。民宿や旅館に宿泊する釣りなどの既存顧客、おぢかアイランドツーリズム協会が開拓した子どもたちの教育旅行を中心とする体験交流の顧客、そしてまちづくり公社が運営する古民家（1泊2食付で約2万円）に泊まって島を楽しむ新たな顧客、という3つの客層にアプローチすることができるようになった。

　ちなみに、旅行業をNPO法人で行わないことについて、高砂さんは「物産・旅行業は営利事業。長崎県の場合、NPO法人で行えるのは本来の非営利事業を補完する程度の事業という解釈」という。おぢかアイランドツーリズム協会では、小値賀Tシャツなどの島のグッズをターミナルの売店やイベントなどで販売しているが、物産と旅行手配の売上が総売上1億円のうちの5,000万円を占めるようになったらやりすぎになってしまうというわけだ（NPO法人についての法的な解釈は認証元の都道府県また担当者の解釈でいろいろあるのが実情[注4]）。

◆ 小値賀の優位性はどこにあるのか

◇ 島コンシェルジュと顧客志向のプログラム

　おぢかアイランドツーリズム・グループの1つの特徴にマンツーマンでオリジナルな島旅づくりを手伝ってくれる「島旅コンシェルジュ」が挙げられる。顧客からすれば、コンピューターを相手にすべてを自分で決めていくのではなく、電話で相談に応じてくれ、ほしい情報が手に入り、宿や体験プログラムの予約もでき、島の資源を活用したあらゆる旅行商品を購入することができるワンストップ窓口があるということは極めてありがたい仕組みである。

　もう1つの特徴は、周囲16kmある野崎島という無人島を貸し切るとい

う贅沢なプログラムも可能という点だ。修学旅行を対象にした場合、民泊だけが目的なら小値賀のような離島よりもっとアクセスのよい場所でよいはずだ。しかし小値賀の場合、1泊は野崎島で島の自然をまるごと体験し、もう1泊は小値賀島で民泊する暮らし体験といったバリエーション豊かな商品を総合的に販売できるという強みがある。

　ピープル・トゥ・ピープルの小値賀・平戸のプログラムが2年連続顧客満足度ナンバー1になったそのポイントについて、高砂さんは、「島に入ってから出るまでのプログラム全体をプロデュースした結果」と語る。さらには、「ピープル・トゥ・ピープルの高校生が東京や京都で体験するプログラムをしっかり調べて、小値賀での3泊4日を準備した」（高砂さん）。島に入った初日は、通訳付きの歓迎夕食パーティーを開いてまずは異文化に慣れてもらうなど、感情の盛りあがりも考えてプログラムを組んでいる。顧客満足は、旅先に到着する前に抱いた期待値に対し、旅先での評価が上回った時にあがるものだ。受け入れ先の民泊にも事前に顧客情報を伝えるといったインフォメーション力も、求められるのである。

◇客層を広げ事業の継続性を確保する

　観光の柱として教育旅行の誘致に力を入れる地域は少なくない。しかし教育旅行向けと個人客向けでは、必要とされる商品やサービスがまったく異なる。そのようななか、小値賀でも個人客を念頭に受け入れ態勢を模索してきた。

　古民家ステイという、これまでよりも高額商品に取り組むのは、「民泊だけでは多くの一般顧客にとってハードルが高い」からである。一緒に食事をつくって食べるのはよくても、ふすま1枚の向こうに赤の他人が寝ている状況に耐えられる人はそう多くはない。「体験観光は確かに人気が出てきているが、多くの人は昼間は蝮の危険にさらされながらのトレッキングでも、夜は虫や他人への気遣いなしにゆっくりくつろぎたいと考える」（高砂さん）。

自然体験 (提供：NPO法人おぢかアイランドツーリズム協会)

また、民泊を手配する手数料30％（うち5％は保険料）は、修学旅行の場合はエージェントに10％支払うため手元に15％しか残らない。人件費のほかにも広報や営業など固定費が必要だ。1億円を売り上げても500万円しか人件費には使えなかった。そこで、県や国からの委託事業で人件費を賄っているが、自立のためにも収益性のある事業を行うことが必要で、その答えが古民家再生事業だった。

東京から小値賀までは移動だけで6時間。島へのアクセスの改善も必要だ。長崎、平戸、佐世保からのチャーター船の活用を検討したり、長崎からのジェットホイル就航を行政に働きかけている。

おぢかアイランドツーリズム協会は、自前でプログラム開発を行いインストラクターも抱えている。さらに本格的に旅行業に参入しつつ古民家ステイという新たな商品も開発し、観光まちづくりを進める事業体としていまなお成長中である。

高砂さんが移住後、小値賀は大きく変わった。地域づくりに必要な人材は「よそ者・わか者・ばか者」と言われるが、「島をなんとかしたい」という熱い思いをもつ、前職・劇団員というよそ者の高砂さんを、地域の人びとが支えてきたことは決して見逃せない。現在、役場の中核で活躍する職員をはじめ、おぢかアイランドツーリズム協会の事務局長も、若い時代から勉強会を重ねてきた優秀な人材だ。彼らが地域振興に際してとる行政のスタンスは「民間主導」。そうした永年の地道な取り組みが背景にあってこそ、花開いているとも言えるだろう。

ケース5 ㈱四万十ドラマ

ぶれないコンセプトで地域資源の商品化に取り組む

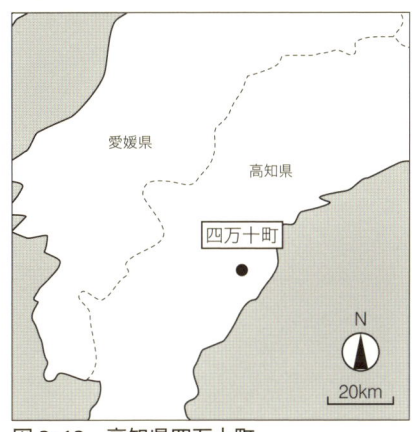

図3・13 高知県四万十町

- ● 四万十町
- ・2006年、高知県西南部、四万十川中流域の2町1村が合併して生まれた。
- ・総面積642km^{2}のうち約9割を山林が占める典型的な中山間地域。
- ・町内の製造業やサービス業は小規模経営が多く、若者の雇用の場が少ない。
- ・人口流出が続いており、80年代の2町1村で約2万6,000人が、2010年現在1万9,000人にまで減少。
- ・高齢化率は35％。

◆ 地域資源を宝に変える

◇ JA職員から第3セクターへの転身

　1994年、四万十川中流域の3町村（旧大正町、十和村、西土佐村）が出資して、清流四万十川の保全と、流域の農林水産資源を活かした商品開発と物販、交流事業で活性化を図ることを目的に設立したのが、第3セクター「㈱四万十ドラマ」だ。

　四万十ドラマが全国公募で職員を募集していることを知り、「いまの職

四万十ドラマの製品 (提供：㈱四万十ドラマ)

場でできなかったことが可能になるかも」と農協から転職して応募したのが畦地履正さんだった。40倍の難関をくぐり抜け、晴れて常勤職員となった畦地さんの奮闘が、そこから始まった。

「何をやっていいのかまったく分からなかった」と、畦地さんは当時を振り返る。当初、高知県の「ふるさと定住促進モデル事業」の補助金を資本金の一部として設立された四万十ドラマは、3年で自立することが条件だった。

「当時30歳の僕にはノウハウも何もなかった。農協の職員だったから企画力、販売力なんてまったくなかったし、パソコンも使えない、営業力もなかった」（畦地さん）。

まずは1年かけて丹念に地域資源調査を行った。そして助けを求めたのが、現在、四万十ドラマのブレーンでもある高知県在住のグラフィックデザイナー梅原真さんだ。農協職員時代に出会い、足しげく訪ね、そのたびに「バカか！ なぜ、足元にあるものを見ない！」と激しく叱責された。畦地さんに本質論を叩きこんだ人物である。

梅原さんのアドバイスを受け、最初の活動コンセプトを「顔がみえるお付き合い」に定めた。必要ならばどこまでも人に会い行くフットワークの軽さは、その後の畦地さんの営業スタイルとなっている。1997年3月、梅

原さんのアイデアで、18名の著名人による水についてのエッセイ集『水』を出版する。これが1つの転機となった。四万十ドラマの原点は四万十川であり、アイデンティティそのものであることの証明でもある。この出版を機に、RIVERという会員制度を発足させた（現在300名、年2回会報誌を発行）。また、四万十川を体験し、流域の住民たちの生活技術を学ぶ「自然の学校」もはじめた。

◇捨てられていた間伐材からいきなりヒット商品

　同年10月、さらに大きな転機となる出来事が起こる。「四万十ひのき風呂（10cm四方のヒノキ板、1枚200円）」の商品化だ。

　捨てられていた間伐材や端材を地元の大工さんが四角に切って面を取り、四万十のヒノキのオイルを染み込ませたもので、浴室に置くとまるで檜風呂に入っているような気分に浸ることができる。これが、発売するやいなや、いきなり四国銀行から12万枚の注文がきたのである。ヒノキ板には社名や干支などさまざまな焼印が押せる。企業のノベルティ商品として注文が相次ぎ、発売以来50万枚を超えるヒット商品となっている。アウトドア雑誌『BE-PAL』の2009年3月号の付録（17万個）としても採用され、4ページにわたって特集された（最近、ヒノキオイルの値上がりにより1枚300円としている）。

　入浴用に開発した「ひのき節」（1袋1,000円）は、捨てていたヒノキのかんな屑を商品化したものだ。5gずつを巾着に入れて使うのだが、東急ハンズで売れ行き好調という。外袋には、この商品を買って頂くことで、四万十のヒノキが間伐され森の保全につながっている、ということが記されている。「明確なコンセプトを伝えることができれば、消費者が価値を感じる商品となる」というわけだ。

　畦地さんは講演にでかけると必ず「新聞バッグ」を持参する。高知県の小さな過疎の町を一躍有名にした、四万十ドラマのもう1つの大ヒット商品でもある。古新聞（高知新聞）を素材に、地元の女性たちが手折りして

のり付けしたシンプルなバッグは、現在、アメリカ・ボストンのミュージアムショップで販売され、イギリスにも輸出されている。

ブレイクしたきっかけを畦地さんはこう話す。「かつて八百屋さんや魚屋さんでは、みんな商品を新聞紙でくるんでお客さんは持ち帰っていました。そこで、2002年に"四万十川流域で販売される商品をすべて新聞紙で包もう"ということを始めたのです」。そして、そのときこの新聞バックも登場した。

2005年、高知県産品海外輸出の商談会があり、アメリカから日本人バイヤーが来ることになった。畦地さんは「しまんと緑茶（3本500円）」を小さい新聞バッグに入れて持参した。バイヤーに見せるといきなり「これは売れますよ」。だが、バイヤーが指したのはお茶ではなかった。「その新聞バッグ、いいですね」。

1週間後、新聞バッグ1,000枚の注文が来た。試作品をニューヨークに送ってしばらくするとバイヤーからメールが来た。「ニューヨークのバッグショーですごい反響です」。

いまでは、大・中・小、縦、横、ひし形、台形などバリエーションも増え、改良を重ねることで3kgまで耐えられる強度になった。2007年から「道の駅四万十とおわ」のレジ横でも販売され、売り切れ続出という人気だ。四万十ドラマのホームページでは、2008年から「レシピ（新聞バッグの作り方）付き」各タイプ1個1,000円で販売されている。

◇コンセプトは「ローカル、ローテク、ローインパクト」

なぜ新聞バッグをつくって売るのか。理由は、新聞紙の原料である四万十の森を守るためだ。だから、新聞バッグの販売で得た利益の一部を森に返すことにしている。高知県の「協働の森」に参加し、四万十町内約8haの森を管理している。

「大事なのは、ローカル（四万十川という財産をベースに考える）、ローテク（第1次〜1.5次産業にこだわる）、ローインパクト（四万十川に負担

をかけない仕組み）です」（畦地さん）（図3・14）。

四万十での成功を真似て、あちこちで新聞バックの類似品もでてきている。だが、畦地さんは、「コンセプトのないものに広がりはない」という。本家本元としてのブランドを維持するために、2007年に「折り方」の特許を出願、新聞バッグ折のインストラクター養成講座もスタートさせた。

「単なる真似はダメだが、ノウハウ移転は大いに歓迎」（畦地さん）という四万十ドラマとの連携で、新たな地域エコバックも生まれている。マグロで有名な青森県の大間町の女性起業グループ「あおぞら組」がつくる、古くなった大漁旗と網のオリジナルバッグ（4,500円）がそうだ。「あおぞら組」は、2004年のアテネ五輪で町の応援者が着ていた「鮪一筋Tシャツ」をつくり話題になったが、彼女たちが次の事業として目をつけたのが新聞バッグだった。この大間オリジナルバッグは大変な評判を呼んだ。その理由は「1つとして同じ商品がないこと」。もう1つがバッグに縫い付けられているQRコードだ。

ローテク
・地元の素材・技術・知恵
・第1〜1.5次産業にこだわる

ローインパクト
・四万十川に負担をかけない
・風景を保全しながら活用する

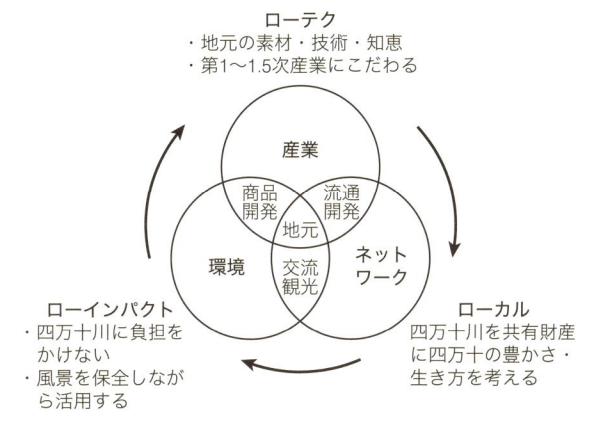

ローカル
四万十川を共有財産に四万十の豊かさ・生き方を考える

図3・14　四万十ドラマのコンセプト
（出典：㈱四万十ドラマホームページ）

あおぞら組大漁だべさグッズ
（提供：㈱四万十ドラマ）

第3章　地域のプラットフォーム型組織のケーススタディ　131

それぞれの商品のQRコードからアクセスすると、マグロが釣れた場面、大漁旗が飾られた写真などが現れる。バッグの素材となった大漁旗と網の持ち主である漁師の情報を見ることができるのだ。バッグのつくり手でなく、原材料の提供元である漁師の背景という情報が入っているところが、まさに四万十ドラマのノウハウなのである。

◆物販と観光の新しい関係を開く

◇「ここにしかないもの」で山奥の道の駅が大繁盛

　四万十ドラマは着実に事業規模を拡大していき、1999年にはついに補助金ゼロを実現、2005年には住民が株を持つ「住民株式会社」に生まれ変わった。現在はパートを含む20名を雇用し、2009年度の売上高は2億8,000万円である。

　2007年にオープンした「道の駅四万十とおわ」は、地産地消を実践し、前述の「四万十ひのき風呂」や旧十和村の栗を使った「四万十栗の渋皮煮」、香り米「十和錦」、四万十の茶葉を使った「しまんと緑茶」など、地元原料にこだわった「ここにしかない」オリジナル商品を数多く取りそろえている。併設する「とおわ食堂」も、旬や地元食材を使った四万十の味を提供しており、常に利用者で賑わっている。国道381号の「とんでもない山奥」（畦地さん）に建つ道の駅は、オープン15か月で来場者20万人を達成したというから驚きだ。2009年度は年間13万人が訪れ、売上は2.5億円に達している。

　2006年、「道の駅四万十とおわ」の指定管理を請けざるをえなくなった時、「一日の車の通行量は1,000台未満、年間6万人、客単価1,000円、これでは潰れると思った」と畦地さんは明かす。この道の駅を経営していくためには年間売上1億円が必要だった。ところが交通量や客単価を考えるとその数字には及ばない。少なくない反対もあり悩んでいたとき「わたしたちが、毎日、買い物にいってあげるよ」と地元の協力者たちが背中を押して

くれたことで事業を軌道に乗せることができた。

◇地域の山・川・人が観光商品になる
　四万十ドラマの特徴は、「四万十川に負担をかけないものづくり」というぶれないコンセプトにある。その根底にあるのが「足元（地域）をみる」ことだ。農協職員時代は「売り先が決まっていて商品を流すだけでラクだった」という。農協時代からの強みは、農家の家族構成から家計まで知っているという生産者との深いつながりだ。しかし、梅原さんの指摘で、足元をいかに見てこなかったかに気づかされた。畦地さんは、とにかく地域を歩き回った。四万十川には、川漁師がいて、川船があって、そのための川船屋がある。「川船用のフナ釘は僕の近所の村の鍛冶屋さんしかつくれない」と畦地さんが言うとおり、オンリーワンの魅力が山ほどあったのである。
　四万十ドラマのユニークな活動の源泉となっているのが「視点を変えて見る」、つまり発想の転換だ。林業不振で整備が行き届かなくなった放置山林には、どの自治体も頭を痛めている。「でも、山を巨大なCO_2吸収装置として見た場合、町の面積の9割を占める山林がものすごく価値を持ってくる」（畦地さん）。
　高知県は森林率が84％で全国1位。その数字から取った「84」をブランドに環境ビジネスを興そうと、2009年、梅原さんを筆頭に畦地さんら14名の発起人で「84プロジェクト」を立ち上げた。高知の森林資源からつくる「84」ブランドのアイテムや事業を世に送り出すことで、「経済46番目の高知から、"ユタカサノスイッチ"を入れ直す」のだそうだ。

◇来訪者を待つだけの観光から、物販で攻めの観光へ
　四万十川流域では、寒暖の差があることから大粒で糖度20度の栗ができる。これまで四万十では、栗畑で拾った栗を原料として提供するだけだった。しかし、渋川煮の加工をはじめ、それが売れるようになると畑の下

四万十また旅プロジェクト「しまんとチャリ旅」
(提供：㈱四万十ドラマ)

草刈りをして栗の栽培に励み、生産現場が保全され、さらに雇用が生まれた。

「それを売りに行くのが僕の役目」(畦地さん)。年末のお取り寄せ商品として雑誌『サライ』に掲載され、東京の百貨店に販路が広がった。「四万十の栗を食べて『おいしい！ 四万十へ行ってみたい』という人たちを、いかにたくさんつくるかが勝負。商品は情報を運んで行くツールです」と畦地さんは言う。「四万十ひのき風呂」を購入した人たちのなかから「商品をつくっている現場を見たい」、あるいは「つくり方を学びたい」という人たちが現れてくるかもしれない。

近年は、経産省の事業を使い大分県別府のハットウ・オンパクをモデルに体験型観光「四万十また旅プロジェクト」に取り組んでいる。四万十川流域のさまざまな団体が組むことで、「またくる」小さな旅を繰り返そうというものだ。『「四万十の日常」を観光資源に環境につながる旅』をキャッチフレーズに、川漁師の仕事や新聞バック折などを体験プログラム化し、またカヌーと屋形舟、ラフティングなどの新しい観光産業もつくり出そうとしている。

第4章

プラットフォーム型観光まちづくり組織と推進体制のマネジメント

まちの価値を高める「まちづくり」の取り組みが、まち全体の集客力を高めるということを、1980年代後半以降の長浜や小布施、由布院や黒川といった先進地の取り組みから多くの地域は学んだ。前節で紹介した別府で生まれたオンパクの取り組みが全国展開されることからも分かるように、まちそのものに魅力がなければ、いずれ宿もまちも衰退していくという危機感が全国に広まったのである。

　そこで、まちに存在する幅広い人や組織が、まちの価値や進むべき方向性を共有してまちづくりを進め、まちの魅力を高めることで集客力を高めていこうというのが観光まちづくりの意図である。そのためには、まちの進むべき方向性について地域内での合意を形成しながら、個々のベクトルを同じベクトルに揃えていくことが重要となる。これはまさに「観光まちづくりのマネジメント」とも呼ぶべき取り組みである。

　前章では、従来とは異なる体制により観光まちづくりを進めている事例を紹介したが、いずれの地域においても、地域主導型観光振興の推進母体となる民間の組織が存在していた。加えて、これらの組織が小布施等の事例と異なるのは、広い意味で着地型商品による集客に取り組んでいることだ。これからの時代、地域資源を磨けば来訪者は自然に増える、旅行社が送客してくれるとは、必ずしも言い難い。これまで観光を特に意識していなかったところでも、観光振興による地域活性化が取り組まれていることを考えると、これらは観光まちづくり、ひいてはそのマネジメントを強化する先駆的な取り組みだと筆者は考える。

　本書では、これら組織を総称して観光まちづくりのためのプラットフォーム型事業組織、略して「観光まちづくり組織」[注1]と呼ぶこととし、新たな推進体制(仕組み)の核となるこの組織の具体像を明らかにしたい。またそのマネジメントを考えていくことで、地域主導型の観光振興の可能性を探ることにしたい。

第1節

何をする組織か

◆旅行業の範囲をこえた多様な事業を行う

◇旅行業としてのランドオペレーター事業へのスタンスはさまざま

　観光協会に対して「営業活動をしていますか？」と問うと、ほぼ「NO」という答えが返ってくる。当該市町村の広報活動は行っていたとしても、営業活動は行っていない。理由は簡単で、売るべき商品を観光協会自身が持っていないからである。ところが観光まちづくり組織は、地域資源を活用して商品（サービス）を生み出し、それを域外に販売することに事業として取り組んでいる。

　図2・2では、地域主導型観光を推進するために地域に必要とされる3つの機能を示した。旅行会社などの販売チャンネルを使うか直接販売するかは別として、観光まちづくり組織は、地域主導型観光を実現させるために不可欠な、①地域資源を活用して商品（サービス）をつくる、②それら商品を域外に販売する、という2つの機能を有している。さらに、③来訪者をもてなす機能については、組織が内部化しているケースもあれば組織と協働する地域の人や組織がそれを担うケースもある。

　こうした来訪者の受け入れに関連する事業をランドオペレーター事業と

呼び、かつて観光庁でもその設立を推進した着地型旅行会社のATA（Area Tourism Agency）がこの事業モデルに近い。前節の事例のなかでは、おぢかアイランドツーリズム・グループや南信州観光公社がこのランドオペレーター事業を事業の柱にしている。

また、生水の郷委員会は営業活動を積極的に行ってはいないが、個人・団体の両方に対応できるランドオペレーターの役割を担っているといえる。ただし旅行業登録はしておらず、その必要もない。

ハットウ・オンパクは、遠隔地からの集客はあまり意図しておらず、地元および近隣、遠くても車で2時間圏内の個人客をターゲットに地元事業者がつくった地域商品がラインナップされるプラットフォームを形成している。同NPOは、そもそも地域の小規模事業者を元気にする地域づくりが主目的であることから、旅行業としてのランドオペレーター事業はあまり重視していない。

このようにひと口に観光まちづくり組織といっても、遠隔地から人を呼び込むランドオペレーター系事業を重視する組織と、まちづくり系事業に軸足をおいた組織とでは、その事業内容に違いがみられる。

◇収益事業もさまざま

ご承知のとおり、2007年の旅行業法の規制緩和により、第3種旅行業登録事業者でも当該自治体と隣接する市町村の範囲における募集型企画旅行（パッケージ旅行）の実施が可能となった。これにあわせて旅行業登録する観光協会も増えてきている。しかしながら、第3章に紹介した以外の各地の観光まちづくり組織の事業内容を見ると、旅行業としてのランドオペレーター事業を収益の柱としているところはさほど多くない。

観光まちづくり組織にとって旅行業は重要な要素ではあるが、南信州観光公社のように何組もの団体を取扱ったり、利幅の大きいキラーコンテンツが売れるといった状況にない限り、旅行業が収益の柱とはなりにくいのが現状である。

では、ランドオペレーター事業以外にどのような事業を行っているかを見ていくと、地域資源を活用した商品やサービスの開発と販売、さらに地域情報を集約して一元管理し、インターネットや紙媒体を使って情報発信を行う情報関連事業などが行われている。また、行政との関係で言えば、公共施設の指定管理やイベント運営・調査研究の受託などがあり、さらに国や県の補助を受け、観光振興にからめたまちづくり事業に取り組むケースも少なくない。ハットウ・オンパクや四万十ドラマは、国の補助事業を受けることに習熟しており、地元に資金がないとなれば、各省庁をはじめ民間の財団なども含めて外部資金をもってきて地域に投下するといった資金調達の機能も有している。

　こうして見ていくと、観光まちづくり組織は旅行業とは極めて異なる業種業態の組織であることが見えてくる。観光協会において、その要職に旅行業経験者を招聘するケースがあるが、教育旅行の受け入れをめざす場合などは、旅行業の経験やスキル、営業ネットワークが役立つだろう。しかしながら、ここまで見てきたように観光まちづくり組織においては、地域の人や組織と協働しながら地域資源を活用した商品開発を行い、それらを販売し、さらにまちの活性化のためのさまざまなプロジェクトを実施するのが主要事業であり、そこで求められるスキルは発地サイドの旅行業とは極めて異なることが分かるだろう。

　観光まちづくり組織に必要とされる人材については後述するが、組織を運営していくためには、複雑な利害が錯綜する地域の組織や人のなかで揉みくちゃにされながらも、地域住民に参画を呼びかけ、ボランティアのマネジメントにはじま

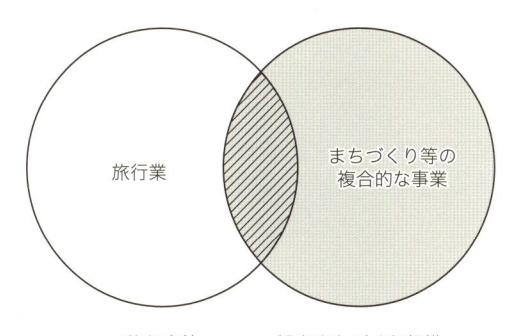

図4・1　旅行会社と観光まちづくり組織の関係

り、各種プログラムの品質管理や安全管理、さらに行政への企画提案や情報の共有、国や県といった外部資金の調達、そして自立した民間事業として継続性を確保する経営能力などが必要とされるのである（図4・1）。

◇旅行だけではなく地域商品の流通販売機能も持つことが重要

　前節で紹介した事例のなかで、四万十ドラマの事業内容は少し異質に思われるかもしれない。もちろん観光の側面からみると、マイカー旅行客が多数を占める現代、集客の核となる道の駅は、地域主導型観光において極めて重要な役割を担っている。本書では事例として取り上げなかったが、千葉県南房総市（旧富浦町）にある道の駅「枇杷倶楽部」は、道の駅でありながらも一括受発注システムを開発し、旅行会社と提携して多くのバス旅行を南房総エリアに誘致するランドオペレーター機能を有している。

　四万十ドラマも「また旅」という旅のコンテンツを開発し受付窓口となってそれらを販売している。

　このように各地の道の駅が、団体バス客およびマイカーで立ち寄る個人客にも対応するランドオペレーター機能を備えた観光まちづくり組織としての役割を担うことが、今後、ますます求められるものと思われる。

　ちなみに四万十ドラマがもっとも力を入れている事業は、地域資源を活かした商品を開発してブランド化を図り、それらを道の駅をはじめ全国で販売するというモノの製造販売である。にもかかわらず同社の事例を本書で紹介したのは、地域に必要とされる重要な機能を明らかにしたかったからである。

　第1章1節で、観光と農業の流通の仕組みについて、観光と農業における流通販売の機能が外部依存型であったことを指摘した。じつは、観光において、それらの機能を地域に内在化していこうとする試みがプラットフォーム型観光まちづくり組織であり、農産物やその加工品における試みが四万十ドラマの取り組みなのだ。

　モノの流通販売の機能を社会一般の業種で例えると、いわゆる「商社」

機能と考えることができそうだが、四万十ドラマの事業は、これまで外部依存型だった商社機能を地域に内在化させる試みとも言える（畦地一人商社と呼べなくもないが…）。

　ランドオペレーター事業は「ヒトの交流」という方法で地域と外部をつなぐ仕組みであり、四万十ドラマは「モノの交流」という方法で地域と外部をつなぐ役割を果たしている。地域経済の活性化という視点から見れば、ヒトとモノの交流は車の両輪のように重要であり、当然のことながら、ヒトは入超、モノは出超をめざしたい。そして、モノはその生産地を伝えるメディアそのものであり、モノのブランド化と地域のブランド化が不可分の関係にあるのと同じく、集客交流の促進とモノの流通促進は、融合させながら進めていくことが求められるのである。

　わが国の観光まちづくり組織の多くは、旅行業、物品販売業、公共施設の指定管理による請負業のほか複数の事業を行うことで経営基盤を支えている。その他、広告代理業や飲食業、不動産業、宿泊業といった地域の実情にあわせた幅広い事業展開により自主財源を獲得して継続性の確保に努めることが求められている。

◆ビジネスの主体となる

◇集客のマネジメントを行う主体となる

　先に観光まちづくり組織のランドオペレーター機能について述べたが、その機能についてもう少し詳しく見ていくと、いずれの取り組みも、特定カテゴリーの来訪者にターゲットを絞り込み、その顧客ニーズに合うよう地域資源を活用した商品（サービス）をつくり、想定顧客およびその販売チャンネルに対してプロモーション活動を展開することで集客を図るということを事業として行っている。

　おぢかアイランドツーリズム協会は都市部の子どもたちがメインターゲットであり、南信州観光公社も同じく修学旅行生が対象顧客である。これ

ら観光まちづくり組織は、修学旅行を取り扱う旅行会社や小中学校をはじめ、学習塾などへの営業活動を展開することで来訪者数を増やすという成果を生み出している。

ハットウ・オンパクでは、地域の市民や事業者たちが地域資源を活用した多種多様なコンテンツをつくり、それらが全体として地域に新たな価値を創出することで、地元および近隣からの集客を図る仕組みがつくられており、オンパク事務局はそのトータルプロデュースを担うとともにプロモーション活動や活動資金の調達も行っている。

著名な経営学者ピーター・F・ドラッカーは、事業の目的は「顧客の創造」つまり新しい顧客をつくることだと述べた。観光まちづくり組織は、それまで地域にはいなかった新たな顧客をつくり出すことで交流人口の拡大に成功している。それらの組織は、従来の枠組みを変革し、観光振興の新たな仕組みとして生み出された地域におけるイノベーションの産物といえるだろう。また、「地域資源の商品化と営業販売」という、地域に欠けている機能をソーシャルビジネスという形態で補完・強化するものが観光まちづくり組織であり、集客のマネジメントを担う組織だということができる。

◇目的に適した法人形態をとる

また法人形態については、観光協会は社団形式のNPO法人や一般社団法人など非営利法人の形態をとるところが多いようだが、観光まちづくり組織では株式会社や合同会社、社団法人、NPO法人とさまざまな法人形態が考えられる。法人形態はあくまでツールであり、どの組織も地域の実情にあわせて使い勝手の良い法人形態を選ぶことが肝要だ。

◇地域の人や組織と連携する

いずれの観光まちづくり組織も、自身の組織内だけですべてを賄うことはしていない。ランドオペレーター事業が特徴の南信州観光公社も、外部

に、民泊や体験を提供する農家の方々や、もう一泊を提供する宿泊事業者など、多数の地域関係者と連携して事業を行っている。

なかには契約もなく無償で提供いただける協力もあるが、商品として顧客に責任を持つためには、権利義務関係が明確な契約が必要になる。

こうした取り組み、つまり地域の人や組織との間で権利義務が明確な関係性にもとづいて組み立てられた商品（サービス）を販売することで対価を獲得し、事業の継続性も確保していくという活動には、ビジネスに適した法人形態が必要なので、行政が主体となって実施するのは極めて困難である。

つまり観光まちづくり組織は、ビジネスになじまない行政に変わって、地域の関係者と必要に応じて権利義務関係を明らかにする契約を結び、その力を引き出すとともに、顧客とも権利義務関係を明確にしつつ、その信頼にも応える主体だと言える。

◆地域のワンストップ窓口となる

さらにおぢかアイランドツーリズム協会の場合は、図4・2のように任意団体であった観光協会・民泊組織・自然学校という3つの異なる主体を1

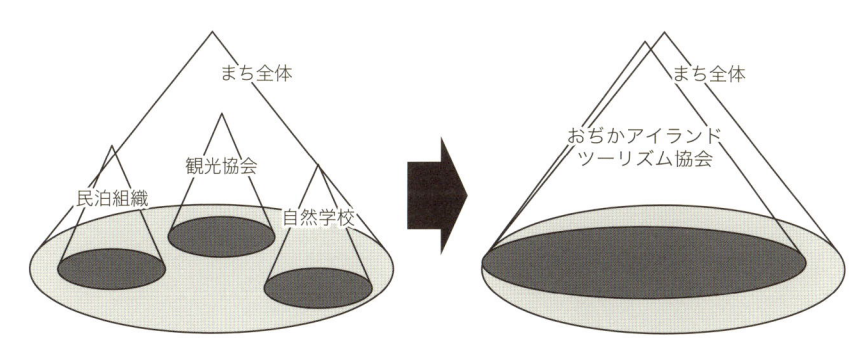

自然環境をはじめ複数の主体を経営資源として活用して商品化することで、組織的に地域の観光マネジメント機能を担う。

図4・2 地域のマネジメント構造

つに統合することで、まち全体の観光マネジメントが有機的・効率的に機能しやすい体制を整えた、ということができる。

また、複数の島々に存在する観光系の主体が統合して1つの組織となるのは顧客サイドからみると極めて有り難い体制といえる。宿泊は民泊組織に申込み、体験プログラムは自然学校に申込み、そして観光情報は観光協会から取り寄せる、というのでは、あまりに面倒である。

せっかく旅先に選んでもらえたのに、そのお客さまが複数の窓口にそれぞれ問い合せなくてはならないとすると、それだけで疲れさせてしまう。こうした顧客サービスの面からみても、地域情報のワンストップサービスは非常に重要な機能であり、観光情報の提供にとどまらず、予約や決済なども可能となればさらに顧客満足は向上する。小値賀では古民家の運営を行う㈱小値賀まちづくり公社が旅行業登録を行い、NPOおぢかアイランドツーリズム協会とおぢかアイランドツーリズム・グループを組み、地域のワンストップ窓口となっている（図4・3）。

既存の観光まちづくり組織のすべてがこの機能を有している訳ではない。たとえば針江には生水の郷委員会のガイドツアーでしか入ることはできな

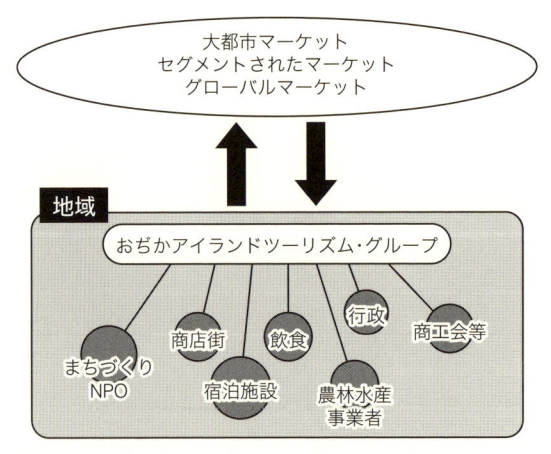

図4・3 地域のワンストップ窓口としての機能

いし、ガイドツアーだけでなく、地域内での宿泊やボランティアイベントも仕切っているので、ワンストップ窓口ではあるが、高島市というレベルから見ればごく一部のエリアでしかない。オンパクも、オンパクについてはワンストップ窓口だが、別府の観光全体の窓口をめざしてはいない。

　だから正確な意味ではワンストップ窓口とは異なるが、エリア限定であったり、オンパク限定であっても、こうしたワンストップ窓口機能を観光まちづくり組織が担っていくことで、よりきめ細かな顧客目線のサービスが生まれ、地域のリピーターやファンづくりに貢献していくことが期待される。

第2節

従来の組織とどこが違うのか

◆**全体最適をめざす**

　規模の小さな町村や観光に関心のない少数の市町村を除けば、ほぼ全国の自治体に観光協会が存在している。また、宿泊施設が集積する地域には旅館組合、飲食店が集積する地区には料飲組合といった同業者で構成される団体が存在する。そのほか、地域の商工業を支援する組織として法律で定められた商工会や商工会議所が設置され、一次産業の事業者が集まる農協や漁協といった組合もある。

　当然のことながら、個々の事業者は自らの商売のために汗を流すのであり、観光協会をはじめとする事業者の集まりは、団体を構成する事業者のメリットとなる取り組みを行っている。それに対して、観光とまちづくりを融合させる観光まちづくりの推進主体となる観光まちづくり組織は、事業者や市民など幅広いステークホルダーの参画を得て、交流人口の拡大を軸に据えつつ、まち全体の振興を図る組織と言うことができる。もちろん観光協会のなかには、すでに観光とは直接かかわりのない事業者や市民がステークホルダーとして参画している事例も少なくないが、そうした組織の取り組みが観光まちづくり組織としての取り組みに発展していくことを

期待したい。

　このように観光まちづくり組織は、観光協会と異なり観光関連事業者にとどまらず幅広い人や組織の参画を得ており、彼らは意志決定にも参加している。そうすることで観光を軸としたまちづくり事業の展開が容易になる。さらに、これらステークホルダーがスタッフやボランティアとして活動に参加することで観光とまちづくりの融合を促進する仕組みとなっている。

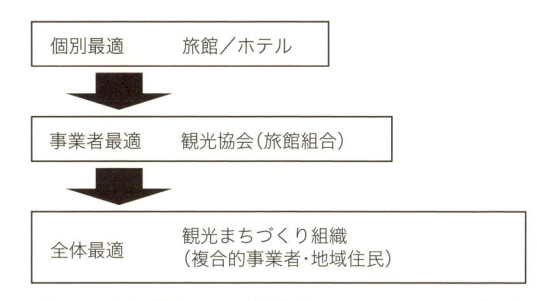

```
個別最適    旅館／ホテル
    ↓
事業者最適   観光協会（旅館組合）
    ↓
全体最適    観光まちづくり組織
        （複合的事業者・地域住民）
```

図4・4　個別最適から地域プラットフォーム型観光まちづくり組織による全体最適へ

◆自立により顧客志向をめざす

　次に自治体との関係であるが、既存の多くの観光協会は、第5章1節で紹介するとおり市町村からの補助金により運営されている。よって民間団体でありながらも自律性に乏しく、イベント運営や観光案内所の運営など行政の補完的な役割を担っているケースが少なくない。政令指定都市であっても人事権すらない観光協会があるなど、運営における行政依存度は極めて高い。一方、観光まちづくり組織は、こうした行政依存から脱却し、自ら活動資金を稼ぎだすことで自律性を確保し、行政と対等なパートナーシップ型の関係を築いている。それと同時に自主財源で運営することから、たとえ首長の交替などで行政の方針が変更されたとしても、それに左右されることなく活動方針の持続性を保つことが可能となる。

　さらに、ここがかなり重要なのであるが「誰のために活動する組織なのか」という組織の根本的なあり方を見ていくと、既存の観光協会は運営資金を自治体に依存していることから行政区域内における公共性が重視され、

表4・1　従来の観光協会と観光まちづくり組織の特徴

	従来の観光協会	観光まちづくり組織
機関決定を行う構成員	観光関連事業者	多様な事業者と地域住民
自治体との関係	行政補完型	パートナーシップ型
サービスの志向	構成員／来訪者／地域住民	顧客志向
事業活動の範囲	行政エリア内	顧客ニーズに対応したエリア
主な事業内容	イベント運営／広報／観光案内	ランドオペレーター事業ほか多角的事業
法人格	一般社団〜公益法人	株式会社をはじめとする多様な法人格

さらに社団形式の組織であれば民法上の社員すべてに公平平等な対応が求められる（第5章1節参照）。

このように観光協会が地域に内在するパワーに影響されることで地域の内側に向けた配慮が常につきまとうのに対して、顧客志向の高い観光まちづくり組織は、あくまで来訪者の方を向いた活動を優先する。顧客ニーズにもとづいた商品やサービスを企画し、そのプログラムの構成や商品開発において地域内部と協働のための調整を図るという段取りになる。場合によっては、顧客の要望に沿って所在する自治体エリアを超えて活動するケースも生まれてくる。これは行政資金に依存する観光協会では極めて困難な取り組みであるが、観光まちづくり組織が自立した民間組織だからこそ、それが可能となる（表4・1）。

◆地域のなかのつなぎ役をめざす

◇観光まちづくり組織が生まれた背景

最後に地域における観光まちづくり組織のポジショニングについて見ていこう。まずは行政における観光振興の推進体制についてであるが、財政規模が縮小する行政においては、観光を地域の重要な産業と捉え直し、産業振興部局のなかに観光課を位置づけたり、非効率な縦割りの弊害を減らすべく農商工と観光との連携などが模索されている。農林水産業における六次産業化の取り組みと観光の連携、移住定住や地域間交流事業も含めた

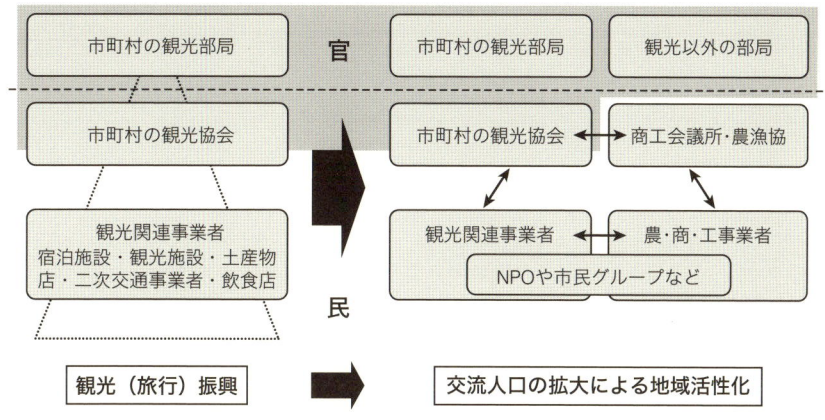

図4・5　官・民のステークホルダーの変化

「交流人口の拡大による地域経済の活性化」というテーマが、厳しさを増す地方行政に突きつけられている（図4・5）。

一方、民間の動きを見ていくと、ここまで何度も繰り返し述べてきたように観光と他産業とが連携する取り組みが増えてきている。「観光」に焦点を絞った活動を展開する商工会議所が登場するなど10年前には考えられなかったが、地域内需要では将来展望が見えてこない地域の現場では、交流人口を拡大することによる地域活性化の動きが加速してきている。

こうした官民の動きを背景に、地域特性に沿った姿で観光まちづくり組織が生まれてきている。

◇さまざまな壁をぶちやぶって縦・横をつなぐ

第1章2節で述べたように、これまで地域のなかでは、観光に取り組む事業者と一般市民およびその他の事業者の間には壁があり、それら民間事業者や市民と行政、つまり民と官の間にも壁があった。さらに観光の分野に限って言うと、隣接する自治体同士の間にも極めて高い壁があった。「観光圏整備事業のお陰で、はじめてとなり町の観光課の職員と交流する機会が持てた」という自治体観光課職員の話は決して笑い話ではない。こ

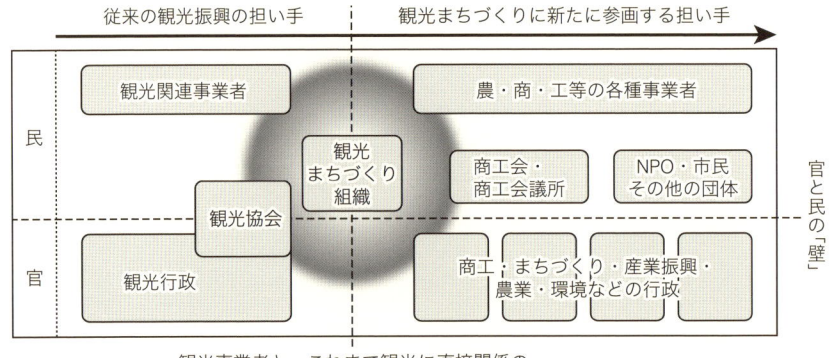

図4·6　新たな観光まちづくり組織のポジショニング

うした壁を乗り越え、これまでつながりのなかった人と人、組織と組織を結び付けることができるのが民間性を有する観光まちづくり組織の特徴である。

　図4·6は、縦に民と官を分け、横に従来の担い手と新たな担い手を分けて記したものであるが、観光まちづくり組織は、この図のようなポジションにあると考えることができる。もちろん観光まちづくり組織によって、上下左右にずれることはあるだろうし、観光協会も、官にどっぷり入り込んでいるものもあれば、もっと民に近かったり、観光以外の事業者と連携する右側に位置するもののもあるだろう。いずれにしても、民と官、従来の担い手と新たな担い手、そして図には表れていないが、行政と行政という、これまで壁に阻まれ連携してこなかった人や組織をつなぐことができるのが観光まちづくり組織の最大の特徴とも言える。

第3節

観光まちづくり組織のマネジメントと究極の目的

◆ 持続可能なまちづくりを担う主体をめざす

◇観光カリスマ依存から、組織の力によるマネジメントへ

　観光まちづくり推進の核となる新たな観光まちづくり組織について、その概要を見てきたが、組織として有効に機能させるためには、その運営(経営)を担う人材が不可欠となる。そこで、観光まちづくりの推進に求められる人材、そしてそれら人材と観光まちづくり組織との関係について述べておきたい。

　これまで、わが国の観光まちづくり分野において、中心的な役割を担ってきたのは「観光カリスマ」と呼ばれる人たちであった。それら観光カリスマたちは、観光関連会社の経営者だったり、観光協会や商工会議所の役職員、NPOの代表、宿泊施設のオーナー、自治体の首長や職員といった、さまざまな職業を本業としている。一方で、これら観光カリスマたちは観光まちづくりを生業とする「プロ」なのかというと、必ずしもそうではなさそうである。本業を他に持ちながらのボランティアであったり、選挙や人事異動があり持続性が保証されないなかで頑張る首長や行政関係者であったりもする。

こうした観光カリスマと呼ばれる地域リーダーたちは、成功や失敗を積み重ねながら他の地域の事例にも学び、時々の地域の実情に応じて極めて属人的で職人的とも言える優れた能力により人間関係を構築し、地域社会の合意を形成しながら観光まちづくりを推進してきた。

　つまり、観光まちづくりの活動全般を「人」と「組織」の両面から俯瞰すると、継続性ある確立された職種が存在しておらず、リーダーやスタッフが専門職として働く組織そのものも存在していなかったというのが、これまでの観光まちづくりの実情である。

　しかしながら、従来の観光カリスマをリーダーとする観光まちづくりは、特定の個人の能力に依存するが故、仮にリーダーがいなくなると、その継続性に赤信号が点滅する危険性をはらんでいる。「持続可能な観光まちづくり」という地域に課せられた命題を考えた場合、地域におけるリーダー人材の継続的な確保は不可欠な要件といえるが、観光カリスマの例からも明らかなように、それら従来のリーダー人材はあくまで個人の資質や置か

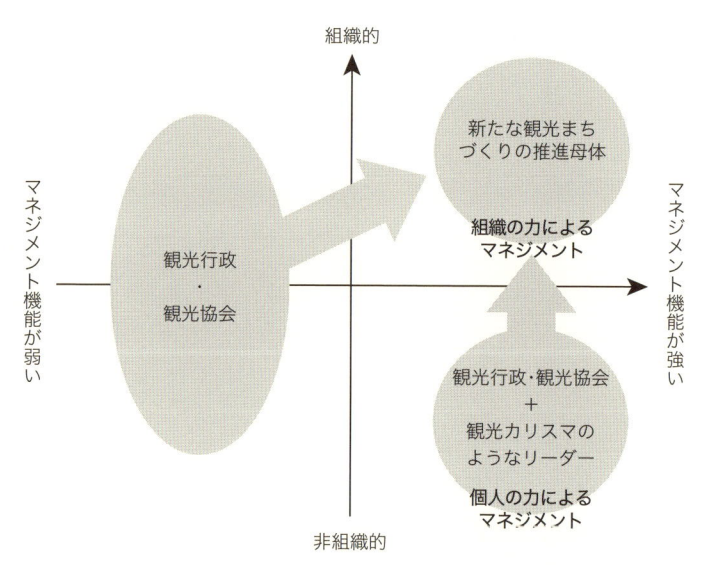

図4・7　行政＋観光カリスマから、組織の力によるマネジメントへ

れた環境によって生まれてきたものであり、人為的・計画的に育成されたものではないというのが紛れもない事実である。そして、その現実が、次世代の地域リーダー人材育成の方法論が確立されていないという課題につながっている。

　観光まちづくり組織をつくるということは、こうした個人に依存していた能力や仕事を進める技術を、可能な限り一般化し、組織的に推進するための持続可能な仕組みづくりに変えていくことでもある。たとえば、組織にイチローがいなくとも、勝つための仕組みさえつくっておけば、それなりの選手が揃えば、成績を残すことができる。つまりは、個人が行っていた業務を一旦洗い出し、だれもが分かるように整理し直すことによって、複数の人間で支える仕組み（＝組織）に変えていこうということである（図4・7）。

◇観光まちづくり組織の経営に求められる人材
　ところが実際のところ、話はそう簡単には進まない。なにが難しいかというと、観光まちづくり組織は補助金に依存しない自立した民間組織をめざしていることから、いくら組織をつくったとしても力量の劣る2軍選手が先発したのでは試合に負けてしまう（組織が破たんする）リスクがあるという点だ。

　はたして観光まちづくりを進める人材には、どのようなスキルが必要になるのだろうか。第1章でパン屋を例に、地域経済に寄与するシナリオを事例として紹介したが、観光まちづくり組織にとって重要なのは、パン屋で働くスタッフではなく、パン屋を経営する「経営者」である。人を雇って給与を払い、事業を拡大して雇用を増やすことができる経営人材がもっとも必要とされている。

　もちろん、地域に対する思いや、地域の人たちと円滑なコミュニケーションが図れる対人関係能力などは必須条件であろう。県や市町村の首長をはじめ観光関連部局、議会、商工会議所（商工会）、観光協会、まちづくり

やガイドの市民グループなどなど、地域には複数の組織と人が活動している。それぞれの機能や立場、関係性を理解したうえで、どのボタンを押せば、どのランプに灯りが灯るのかを熟知することが、そうした人材に求められるもっとも重要で不可欠な要件でもある。もし仮に、あやまって地雷を踏んでしまえば、その地域での活動が続けづらい立場に追い込まれる危険性もはらんでいる。そうしたことを理解したうえで、地域資源を使って商品をつくり、的確なマーケットを探し出して、それを販売して収益を確保し、スタッフを雇用し事業を持続可能なものにならしめることができる人材こそが求められている。

また観光まちづくり組織の設立手順は、一般的な会社と同じであるが、大きく異なる点がある。通常の株式会社組織には、職務権限や業務分掌が明確であり、会社の業績は決算で評価される。もちろん観光まちづくり組織内部のマネジメントはそれらと同様であるが、第4章2節で指摘したとおり観光まちづくり組織の場合、従業員だけですべての事業を行うことはできず、複雑に入り組んだ利害が錯綜する地域住民やボランティアとともに商品をつくったり、それらの人びととともに来訪者の受け入れを担うなど、地域のなかの数多くの人や組織と合意形成を図りながら、地域全体の方向づけを行わなければならない。そこでは商品提供など権利義務関係を明確に定める契約型のパートナーシップだけではなく、共感やつながりに基づく自発的な協力も重要となってくる。したがって、法人形態こそ一般企業と同じ株式会社であったとしても、その経営およびマネジメント手法は微妙に異なってくるのである。

こうした観光まちづくりにおける人材育成について、大学などの高等教育機関を中心に観光まちづくり組織の経営人材に必要とされる要件（スキル）を明確にし、それらを体得するカリキュラムづくりが必要となってくる。

さらに、地域にそうした要件を満たす人材がいなければ、外部から招聘してくることも検討する必要がある。大都市圏には、「地域振興のために

汗を流したい」「ふるさとのためにひと肌脱ぎたい」との思いを抱いているビジネスパーソンも大勢いる。彼らのなかには「機会があればぜひやってみたい」という人も少なくないはずだ。都市部にいるこうした能力を持った人材と地方の観光まちづくり組織の経営人材とのマッチングシステムの整備も必要とされるだろう。

◆究極の目的は新たな雇用の創出

そもそも地域が観光振興に力を入れる理由は、それによって経済が活性化し雇用の創出が期待されるからである。一方、若年世代をどんどん吸収していく大都市には、UターンやIターンしてでも、地域活性化や観光振興のために働きたいという若い世代が少なくない。こうしたやる気のある次世代と、新たな活力により突破口を見いだしたい地域との間でマッチングがなされ、人の移動が起こり、地方の発展が築かれるなら、これほど素晴らしいことはない。

しかしながら現実はというと、ここ数年、観光まちづくりに関する研修会に各地へかけるたび、政府の緊急雇用対策により期間限定で観光協会ほか観光関連事業に携わる若者たちに出会うことが少なくなかった。彼らの多くが「助成金が切れたら自分の職がどうなるのか」と不安を訴えており、その後の様子を聞く限りでは継続雇用されている若者は極めて少ないようである。

こうした理想と現実を踏まえつつ、地方における観光まちづくりに関連する仕事と観光まちづくり組織について最後に考えてみたい。

従来の観光という枠組みにおいて、生業として成立する仕事を探すと、旅館やホテルなどの宿泊業、バスやタクシーといった旅客運送業、レストランなどの飲食業、そして博物館や美術館、テーマパークといった観光施設や観光協会の職員といった職種が存在している。地域外から入ってくる若い世代の雇用の場としては、その種類も数も極めて限られているといえ

るだろう。

　そのような厳しい現実のなかで、観光とまちづくりを一体となって推進する観光まちづくりには、地域内の既存の業種にイノベーションを喚起させ、新たな業種・業態が生み出され雇用が創出されることが期待されているのである。そしてその代表例が観光まちづくりを推進するためのプラットフォーム型組織（観光まちづくり組織）であり、その組織がその周辺で生み出していく地域資源を活かしたスモールビジネスである。したがって観光まちづくり組織は、行き詰まりを見せる観光まちづくりにおいて地域にイノベーションをもたらすソーシャルビジネスの一種といえる。

　本章の冒頭でも説明したように、観光まちづくり組織は「着地型旅行商品をつくる会社」ではない。繰り返しになるが、幅広い多種多様な地域の人や組織と連携しながら、まちづくりを推進し、交流人口を増やして地域経済を活性化していくための組織である。そして、その組織の事業展開の周辺において、「観光」と「まちづくり」が融合する地域活性化のための新たな業種業態を地域内に生み出していくことも観光まちづくり組織に期待される重要な機能なのである。

第5章

観光振興行政のマネジメント

第 1 節

観光協会はどこへいくのか

◆**主要観光地の観光協会の実態**

　先般、筆者が理事を務める社団法人日本観光振興協会で主に観光協会についてアンケート調査を実施した[注1]。

　その調査によると、平均会員数は280となっており、半数以上の観光協会で会員の減少傾向がみられる。予算規模も同様、半数以上が減少傾向にあると回答している。回答した111の観光協会のうち18%にあたる20団体が旅行業（第2種：6団体、第3種：14団体）の登録をしており、その約半数の団体がなんらかの着地型商品の企画を行っている。

　本調査で筆者がもっとも興味をもった「組織上、どのような課題があると思われるか」という設問の回答を図5・4に示した。

　実施したいことは山ほどあるが予算がない。主体的に事業を組み立てたいが補助金に依存しているのでそれもままならない。専門性を有する

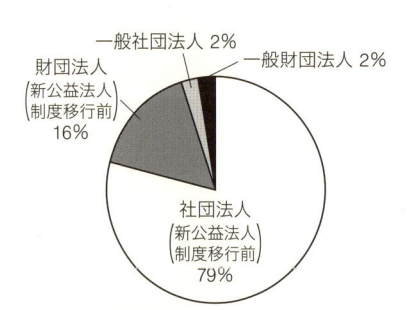

図5・1　観光協会の現在の法人形態

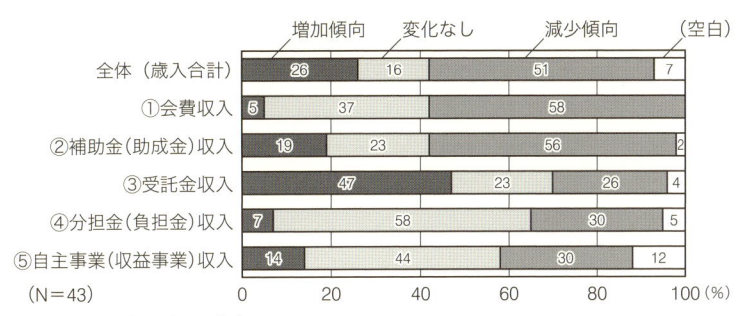

図 5・2　観光協会の近年の収入動向

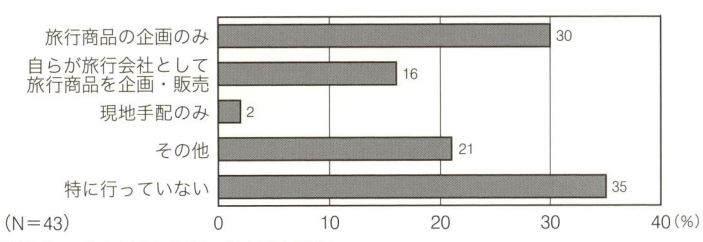

凡例：増加傾向／変化なし／減少傾向／（空白）

項目	増加傾向	変化なし	減少傾向	(空白)
全体（歳入合計）	26	16	51	7
①会費収入	5	37	58	
②補助金（助成金）収入	19	23	56	2
③受託金収入	47	23	26	4
④分担金（負担金）収入	7	58	30	5
⑤自主事業（収益事業）収入	14	44	30	12

（N＝43）

図 5・3　観光協会の旅行商品企画・販売の状況

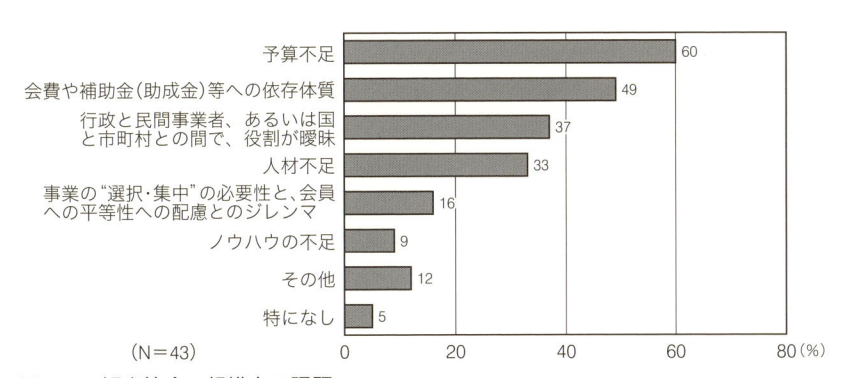

項目	%
旅行商品の企画のみ	30
自らが旅行会社として旅行商品を企画・販売	16
現地手配のみ	2
その他	21
特に行っていない	35

（N＝43）

図 5・4　観光協会の組織上の課題

項目	%
予算不足	60
会費や補助金（助成金）等への依存体質	49
行政と民間事業者、あるいは国と市町村との間で、役割が曖昧	37
人材不足	33
事業の"選択・集中"の必要性と、会員への平等性への配慮とのジレンマ	16
ノウハウの不足	9
その他	12
特になし	5

（N＝43）

第 5 章　観光振興行政のマネジメント

人材もいないが、そもそも人手不足が悩みの種。官民の役割分担のみならず、県や国といった行政間での関係性も曖昧なまま複数の似通った事業が走っている。果たしてこうした状況からどのように脱却すればよいのだろう、といった悩みの声が聞こえてくる。

◆行政依存ゆえの限界

◇どこを向いて活動する組織なのか

　ほとんどの市町村にあるとも言える観光協会だが、その主たる業務はお祭りやイベントの運営のほか、観光パンフレットなど広報媒体の制作や、観光案内所の運営などであり、観光シーズンともなれば職員は土日もなく出勤。まさに目の回るような忙しさというのが実情ではないだろうか。そして、もし仮に職員の頑張りによって来訪者が増えて地元への経済効果が表れ、多くの来訪者から感謝の言葉が寄せられたとしても、人事考課に反映されて賞与が支給（増額）されるという仕組みにはなっていない。

　また、観光協会の主要ステークホルダー（役員や議決権をもつ会員）をみると、観光関連事業者で占められており、観光以外の事業者や一般市民の参画はきわめて少ないのが現状といえる。

　さらに観光協会の財源を見ると、自主財源をもつ協会も少なからず存在するものの、多くの観光協会は行政の補助金や委託金、そして会員からの会費により運営資金を賄っている。運営資金に占める行政資金の比率が高いということは、観光協会が立場上は民間団体だとしても、資金の使途についての自由度は極めて低く、活動においては当該自治体の枠を超えることは許されず、観光情報の提供についても自治体内のものに限られることになる。一方、民間から拠出される主な財源は会費であるが、地元事業者から受け取っていることから、それら事業者を公平・平等に扱うことが求められる。ある駅に降り立ち、そのまちの名物を食べようと観光案内所に立ち寄り「○○の美味しい、お勧めのお店はどこですか」と聞くと、案内

所のスタッフが困惑した表情を見せるのもそうした背景による。「こちらのパンフレットからお選びください」「業務時間外なら個人的な話はできますが…」「いいですか、いまから口にすることは、あくまでわたしの独り言ですから…」とでもいうしかない。

こうした観光協会の対応は、顧客からみると中途半端な情報提供であり不親切なサービスといえる。当然のことながら、旅行者は行政の枠に関係なく旅する。旅行者にとって便利で親切なサービス・情報を提供しようとすると行政の枠を越えた対応が求められる。もし仮に、顧客志向のサービスを提供しようとすると、地元のさまざまな人や組織と軋轢が生じてジレンマに悩むというのが、いまの観光協会がおかれている立場である。

◇**市町村合併による影響**

さらに近年、各地でよく聞くのが市町村合併により生まれる問題だ。観光協会は主に自治体ごとに存在する組織であることから、市町村合併にともない観光協会にも統合の話が持ちあがる。そもそも市町村合併は、財政的要因により進められるものであり、観光的な観点から統合されるものではない。しかし合併による行政効率を高めることが求められることから、自治体という行政単位において観光協会の統廃合が議論の俎上にのぼるのである。統合を余儀なくされることとなった地域にある観光協会においては、これまで地域特性にあわせて地域に根差した取り組みを行っていたものが、組織の統合により従来の活動に制約が加わることになる。旧観光協会ごとに会費の額が違う、取り組む方向性が異なる、補助金が減らされるのは困る、と統廃合に向けては難題が待ち受けている。

限られた資源（資金）を有効活用し、地域活性化のためにまち全体で観光振興に取り組んでいくという視点に立てば、従来の地区別の取り組みをいったんガラガラポンとして、マーケティングなどを活用した合理的な判断にもとづく観光戦略づくりに取り組むチャンスともいえる。その一方で、地域間で平等な分配にあずかれず地域間格差が広がるリスクがあることを

念頭に置いておくことも必要となる。

　それらを決めるのは地域の人たち自身であり、最終的には観光協会の主たる活動資金を拠出している自治体の首長および議会の判断ということになる。首長の観光に対する考え方や、財政に対する基本姿勢、はたまた次の選挙の行方などによってその取り組みはさまざまであるが、筆者のご縁のある首長さんの多くは「観光協会の補助金依存度が減る方向に向けて改革したい」という考え方が主流になってきている印象を受ける。いずれにしても、第2章で紹介した観光地マーケティングと同様、こうした事業の整理統合を検討する際の汎用性の高い事業評価システムや組織再編成の方法論、そのためのマニュアルづくりなどが必要だ。

◆あり方を変える先駆的な取り組み

◇株式会社化から進化を遂げるニセコ・倶知安の挑戦

　観光協会の新たな方向性を示した例として知られるのが、2003年に全国でもめずらしい株式会社化を果たした㈱ニセコリゾート観光協会がある。

　任意団体であったニセコ観光協会は、2001年、名称変更とともに法人化（当初は社団法人を予定）を決め、翌2002年には事務局長を公募で獲得した。事務局を町役場から道の駅・ニセコビュープラザに移し、迅速な意思決定により公益的事業と収益事業の両方が展開できるよう法人形態を株式会社としたのである。そして2003年夏、町と町民の出資による資本金2,000万円の㈱ニセコリゾート観光協会が設立され、旅行業登録（第2種）を行い旅行事業に取り組むほか、物販も含めて幅広い事業展開に向けて動きだした。初年度売上は4,000万円余りだったが、翌2004年から2007年まで1億円を上回る売上を確保し、設立から約5年で補助金依存からの脱却を果たしている。その後同社は、株式を有する自治体のトップが代わり、中核人材が退職するという変化にともない、組織のあり方も微妙に変わってきているようだ。

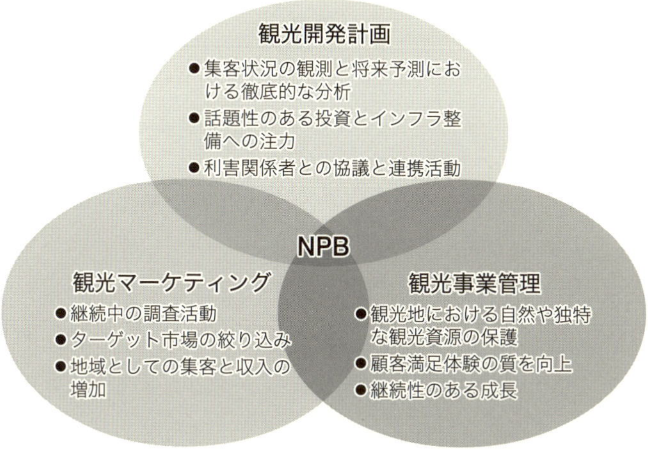

観光開発計画
- 集客状況の観測と将来予測における徹底的な分析
- 話題性のある投資とインフラ整備への注力
- 利害関係者との協議と連携活動

NPB

観光マーケティング
- 継続中の調査活動
- ターゲット市場の絞り込み
- 地域としての集客と収入の増加

観光事業管理
- 観光地における自然や独特な観光資源の保護
- 顧客満足体験の質を向上
- 継続性のある成長

図 5・5　(一社)ニセコプロモーションボード（NPB）の活動範囲 (出典：ニセコプロモーションボードホームページ)

　そのような状況のなか、ニセコ・倶知安の行政と経済団体、観光事業者が結集し、広域観光の核として 2007 年に有限責任中間法人ニセコ倶知安リゾート協議会（現・一般社団法人ニセコプロモーションボード、NPB）が設立された。その事業内容は以下のとおりである。
　①日本国内外におけるニセコ・倶知安の観光プロモーションに関する各種調査・研究と活動の実施
　②ニセコ・倶知安における観光地区プラン、インフラ整備にかかわる各種調査・研究と対外要請活動の実施
　③ニセコ・倶知安における各種団体に対する支援と連携を促進するためのコーディネーション活動の実施
　④地域産業に関する商品の企画・立案ならびにこれらに付随する行為
　⑤前各号に掲げる事業に附帯または関連する事業観光開発計画、観光マーケティング、観光事業管理
　ご承知のとおりニセコ・倶知安は、日本でも他に例をみないほど海外からの大規模投資が進められているエリアである。読者の大多数は「うちのまちとは置かれている状況がまったく違う」と思われるかもしれないが、

第 5 章　観光振興行政のマネジメント　　163

従来のわが国にはみられなかったダイナミックなその取り組みは注目に値する。

◇「団体」から「組織」へと変貌した日田市観光協会
　㈱リクルートが発行する『九州じゃらん』元編集長・佐藤真一さんを事務局長に迎え、著しい成果をあげて注目されるのが日田市観光協会だ。大分県西部に位置する日田市は人口約7万人、2005年に6つの市町村が合併した、阿蘇・九重（くじゅう）山系や英彦山（ひこ）系の山々に囲まれた、水と緑が豊かなまちである。江戸時代、天領を統括する代官所があったことから九州の経済・文化の中心として華やかな町人文化が花開き、当時の裕福な町人が集めたお雛さまを公開する「天領日田おひなまつり」で知られる。

　1989年、日田インターチェンジが開通、さらに2000年にはサッポロビール工場ができ140万人を超える人が集まった。しかしそれをピークに入込客数の減少に歯止めがかからない。そこで2007年、それまで日田観光戦略会議の知恵袋として、さまざまなアドバイスをしてきた佐藤さんが同市観光協会の事務局長に就任することになったのである。

　当時、日田は、
・取り残された温泉地と活かしきれない歴史文化
・食の観光化に対する遅れ
・イベント型観光の限界と日帰り客の減少
・市町村合併による観光協会合併の課題解決

という4つの課題を抱えていた。佐藤さんは、観光協会のめざすべき方向性として、
・旅行業から物販まで幅広く手掛けることで収益をあげ観光協会の自立を図る
・まちづくりと一体化した観光地づくり（課題解決型ではなく目標探求型）
・100万人のリピートなき観光客より年10回リピートする10万人の観

光客
を掲げた。
　就任当時、「観光協会は組織ではなく集団でした」と佐藤さんは振り返る。「集団」であった観光協会を「目標を共有した人の集まりである組織」に変えるべく、ビジネスの世界で培った経験や手法をそのまま観光協会に持ち込み、次々と改革を進めていった。
　まずは観光地としての査定を行い、地域ブランドを確立させるコンセプトについて議論した。最終的に「水と森の恵みに感謝！」と定め、忠実にこのコンセプトに沿って事業を展開した。広告事業、WEB事業、旅行業、物販事業と、それぞれの業務内容を明らかにし、旅行業やWEBといった専門スキルが必要な人材は全国公募で選んで体制を組み立てていった。
　地元の想いとマーケットの志向とのすり合わせを行う「ギャップ調査」（第2章p.64）をもとに、食の観光化の第一弾として「日田焼きそば」を先兵役に定め、事業者とともにイベントをはじめとするPR活動に精力的に取り組んだ。広告については企画と営業の強化を図った。5,000円の年会費も厳しい状況のなか、1口3万円のパンフレット広告の営業をかけさせ、本気になって走り回ったスタッフは50軒の成約を獲得してきた。い

日田焼きそば
(提供：日田市観光協会)

までは通年型パンフレットに地元350事業者のうち200軒以上が有料広告を出すようになり、観光協会の広告収入は1,200万円を超えるまでになった。

　事務局長に就任後4年間で、事業規模（総事業費）が3倍、自主財源を6倍にするという目覚ましい変化を遂げた観光協会について「計画と実行を共有すること。そして目標を設定し行動をマネジメントすることで成果が生まれるのです」と佐藤さんが、その秘訣を語ってくれた。

◇もし観光協会の事務局長がドラッカーの『マネジメント』を読んだら
　新東京タワー「スカイツリー」の開業で俄かに盛りあがる東京都墨田区。スカイツリーの開業を睨み、2009年に一般社団法人化を果たした墨田区観光協会に、筆者の旧知の間柄である久米信行さんが理事に就任したというので話を聞きに行った。ヒアリング内容は「企業経営者である久米さんが、一般社団法人になる前の『旧観光協会』の組織をみて驚いたことは？」。
　辣腕をふるって会社を経営してきた久米さんからは、①毎年、予算を必ず使い切っている、②メルマガも出していない。顧客管理は客商売の基本でありメールアドレスは財産なのに、③ガイドブックの在庫管理ができていない。そもそも在庫の概念がない、④いまどきデータが電子化されていない、④成果の評価方法が不明確、⑤予算をもらって外注しているが、一緒に稼いで利益をシェアしようという発想がない、といった答えが返ってきた。
　発行100万部を突破し、映画化もされたベストセラー『もし高校野球の女子マネージャーがドラッカーの「マネジメント」を読んだら』は記憶に新しいが、本章の趣旨からすると『もし観光協会の事務局長がドラッカーの「マネジメント」を読んだら』とでもなるのだろうか。観光協会および地域の観光振興において「マネジメント」は不可欠の要素であり、成果をあげるための要諦でもある。

第2節

地域の観光振興計画と行政機構が抱える課題

◆観光振興計画は、いったいどうなっているのか

◇事業者にも市民にも知られていない計画

　観光協会のマネジメントは組織のマネジメントの話である。では、まち全体の観光マネジメントは、どのようになっているのだろうか。観光に関するマネジメントと聞いて、おそらく誰もが一番に頭に思い浮かぶ「市町村の観光振興計画」から順に考えていこう。

　多くの市町村では「観光基本プラン」や「観光振興計画」といった計画をつくっている。また市町村に限らず、県や広域の行政組織においても同様に観光に関連する何らかの計画がつくられている。しかし、各地で民間の事業者や市民の方々に「まちの観光振興計画を見たことがありますか」と尋ねると、筆者の経験では、ほぼ9割以上から「知らない」「見たことがない」という答えが返ってくる。地元の観光事業者や市民が知らない観光振興計画とはいったいどのようなものなのだろう。

　筆者は市町村単位の研修会において、許される範囲で自治体の人に頼んで、まちの観光計画をコピーしてみなさんに読んでいただくことにしている。それを読んだ方々からどんな反応があるとあなたは予想するだろう。

じつは意外にも（失礼！）、「よくできている」という反応が多いのである。

計画の策定は、自治体の担当者が自力で行うケースもあれば、コンサルタントの支援を受けるケースもある。いずれにしても地域のキーパーソンへのヒアリングは必ず実施されるので現場の意見や問題意識は反映される。さらに誰もが必要と感じる「バリアフリー」「インバウンド振興」「着地型観光の推進」「一次産業との連携」といった項目は網羅的に記されている。

ところが、ある地域でこんなことがあった。地元の方々に市の観光振興計画を読んでいただいたとき、ある若い女性が次のような感想を述べた。「よくできていると思うんですが、『〇〇市観光振興計画』というタイトルの〇〇市を、となりまちの△△市に替えても内容は同じような気がするんですけど……」。

本項の主題は計画の内容の是非を論じるものではない。重要なのは「観光計画は誰がどのようにつくり、その計画に沿って個々の事業の財源をどう捻出しながら、どのように実施するのか。さらに、その進捗を管理し状況に応じて修正を加えていくのは誰の役割なのか」という点にある。つまり観光マネジメントのあり方、もしくは観光振興計画を有効に推進するための方法論についてである。

◇いま、改めて問いたい 7 つの質問

基本的な話で恐縮であるが、次ページの問いに対して明確な回答がだせるかどうか、各地で観光振興に取り組んでいるみなさんに、ぜひ考えてみていただきたい。

先に述べたように、地域内の幅広い人や組織が協働して策定された計画、地域内で共有がなされている計画というのは思いのほか少ない。さらに、たとえ地域の人が共有する優れた計画をつくったとしても、それを推進するためには官民が協働して地域全体で取り組むことが不可欠となる。果たしてあなたのまちには、その「推進体制」がちゃんと整っていると自信をもって言えるであろうか。

「観光振興計画」に関する7つの質問

問1：エリアコンセプトを地域で共有して観光振興計画を策定するのは誰か？

問2：観光振興計画に沿って事業を推進するにはどのような体制が必要なのか？

問3：観光振興計画を推進するための財源は誰が負担すべきか？

問4：観光振興計画を推進するにあたって観光行政の役割は何か？

問5：観光振興計画を推進するにあたって観光協会の役割は何か？

問6：観光振興計画のPDCAサイクルを管理するのは誰か？

問7：観光振興施策における公的資金はどのような根拠で支出され、どのように成果を評価すべきか？

　また、現状において地域では、さまざまな人がそれぞれの立場と思惑で観光振興に取り組んでいる。しかしながら「お互いについて知らない」ことは決してめずらしくない。グリーンツーリズムに取り組む農業関係者、産業観光に取り組む企業担当者、エコツーリズムの事業者といった同じ地域内で同じような意図をもって活動している人たちが、顔をあわせて意見交換を行い協力して何かに取り組むということが思いのほか少ない。行政には「縦割り」という言葉があるが、これは民間の「棲み分け」とでも言うのだろうか。合意形成や、それにもとづく計画の推進といった話をする以前の問題とも言えるだろう。さらに、観光協会と自治体の観光部局との関係性やその役割分担については、これまであまり指摘されてこなかったが、思いのほか曖昧であり、意思疎通が図れているようで、じつはお互い違うことを考えているというケースも少なくない。

◇ 必要なのはPDCAの推進体制

　通常、観光振興計画の策定は自治体の観光部局（場合によっては総合計

画に位置づけられる）が担い、行政が直接実施する事業と観光協会が行う事業とを区分けして行政資金が支出される。さらにそれら計画には、市民や民間事業者が動かなければ実現しない内容のものも幅広く盛り込まれている。ここで確認すべきポイントは、「行政の観光部局」「観光協会」「市民や民間事業者」の役割分担を明確にして計画に沿って事業を進め、その進捗や成果を管理する仕組み（体制）が整っているのか、という点である。いま一度、あなたのまちの観光振興計画のPDCA（PLAN → DO → CHECK → ACTION）サイクルをまわす仕組みについて確認してみてほしい。なぜなら、「計画づくり」「推進体制（PDCAサイクルの管理）」というあたりに、地域主導型観光振興の行き詰まりの根本的な要因が潜んでいると思われるからだ。

　もちろんすべての地域において、計画と推進体制が不明確なまま日常業務が行われていると断じているわけではない。ただ多くの地域において、こうした実態が見受けられることから「わたしたちのまちはうまくいっている」という人も含めて、「計画づくり」とその「推進体制」について、成果のあがるカタチになっているのかどうか、いま一度、見直してみていただきたいのである。

◆行政が抱える構造的課題

◇地域振興を図る観光のプロはどこにいるのか？

　前項では、観光振興を図るための基本となる「計画」、そしてその計画を確実に推進していくための「体制」について問題提起をしたが、それら「計画」と「体制」において、もっとも重要な役割を果たす自治体について考えていきたい。

　従来より指摘されている問題の1つが自治体職員の人事異動である。「観光課の職員は、2～3年経つといなくなる。やっと人間関係ができ、これからというときに新しい人が来て、また一から地域の実情を説明すると

ころからはじめなくてはならない」と嘆くのは観光事業者の常だ。自治体における人事異動には根拠があり、それはそれで仕方がないのかもしれない。しかしこの状態では、行政職員のなかに観光振興における専門性の高いプロが育つことは望むべくもない。

　これは都道府県や国の行政機構においても同じことが言える。国の場合、観光庁のキャリア職員は数年単位で交替していく。専門官といった役職は設けられているものの、将来、国の中枢において意思決定がくだせる「観光のプロ」と呼べるエース級職員を育成するという強烈な国家の意志は残念ながら見受けられない。もし、国をあげて本気で観光を成長産業に位置づけるのであれば、国家の中枢で腕をふるう観光のプロを育成することは不可欠だ。たとえ10人でもいいから優秀な若手職員を選抜もしくは新規採用して、市町村の観光部局や観光協会、都道府県やその観光連盟・広域観光組織、旅行観光関連企業、海外の現地JNTOなどに各2〜3年程度在席させて異動を繰り返すことで、それら10人を「一を聞いて十を知る観光の猛者」に育てあげれば、それなりの体制が組めると思うのだが…。

　急に話が大きくなってしまったので話題を地域にもどそう。あなたがもし「地域の観光振興のプロはどこにいますか？」と問われたらどう答えるだろう。行政マンのなかに観光のプロが期待できないとなれば観光協会はどうだろう。プロを配している観光協会はわが国に果たしてどの程度あるだろうか。こうした問いかけに、はたと考え込んだり、答えに詰まってしまうというのが、わが国の観光地域振興の現状なのである。

◇「縦割り」「横割り」による非効率を改善できるか

　自治体には、よく知られるもう1つの課題がある。地域のキーパーソンを集めて行政が主催する観光やまちづくりに関する会議において「面子がかぶっている」、つまりいつも同じ顔触れが集まってくるという話をあちこちで耳にする。月曜日は観光系の会議、火曜日は商工系のまちづくりの集まり、水曜日は農政系のグリーンツーリズムの受け入れについて……と

いった具合だ。行政が縦割で各部署がバラバラに事業を行っているがゆえ、同じメンバーが別の会議でよく似た議論をしているといったおかしな現象がおこってしまう。出席を求められる市民や事業者の側からすれば「1回でまとめてやってほしい」というのが本音だろう。一方で、移住定住促進、旅行会社向け商品づくり、友好都市との交流企画、農業体験メニューの開発といった同じような目的をもつ会議で、メンバーは重複していないが、横の連携なく情報共有もされないまま、並行して進められているケースも少なくない。

　さらにこうした市町村における縦割りの事業に加え、都道府県や国の事業が並行して動いていることも少なくない。某省の事業において、ある市で観光課の人から地元の体験プログラムについて話をお聞きする機会があった。出席者一同でそのパンフレットを見ていたとき、同席していた県の地域振興担当者が持参したハンドブックにほぼ同じ内容が掲載されていて、それを見た市の観光担当者が「あれ、こんなのあるんですか？」と驚くシーンに遭遇した。部屋には気まずい空気が流れ、そのやり取りに筆者も戸惑った。その後、何年か経つが、相変わらず各地で同じような場面に幾度も遭遇する。

　こうしたケースは「縦割り」ではなく「横割り」とでも呼ぶのだろうか。たまに地域の人がいう「県の事業が降ってくる」という言葉には複雑な思いが込められている。地域の内発的な取り組みに対して予算がつく場合は、持続性やその後の発展が期待できる。しかし「降ってきた」、つまり地元に意図や意志もった人がいない事業は、予算がなくなった時点で取り組みそのものが消滅するケースが少なくない。「降ってくる」は、重く受け止めるべき言葉ではないだろうか。

　こうした「縦割り」に代表される行政機構が抱える課題は、古くから語られ続け、そして依然として新しい課題なのだ。

　また農家民泊を組織している人が、ある学校から受け入れを依頼されたので市の観光課に相談に行ったときの話である。観光課から「民泊はうち

ではない」と別の課を紹介された。そして指示された課に行くと「学校の行事だから」と教育委員会へ行くよう促されたという。いわゆる、たらいまわしだ。

　第4章で、地域外の顧客にとってのワンストップサービス機能を設けることで顧客志向の対応が可能となる例を紹介したが、一方で、地域の住民や事業者のための行政のワンストップ窓口という機能も求められている。観光まちづくりに関連する行政の窓口を一本化し、地域住民が携わる諸活動について情報が共有できる機能を設けることで、効率もあがり地域の人も助かるはずだ。

◇スタッフの時間を「作業」から「仕事」へ

　観光振興計画と観光行政に内在する諸課題についてみてきたが、最後に観光にかかわる自治体職員および観光協会の職員の日常的な業務実態について指摘しておきたい。本章1節で述べたように観光協会や自治体の観光部局に勤める職員の多くは観光シーズンともなれば、イベントやお祭りに駆り出され、現場を走り回ることになる。土日出勤はもとより、年間をとおして有給休暇をとることもままならないという人も少なくない。観光課も観光協会もなかなか厳しい職場である。

　観光部局の自治体職員研修において「地元のお祭りの際、駐車場の整理をしたことがある人？」と聞くと、半数以上の人が手をあげる。そのなかで「駐車場の整理をしていて地元の人に叱られたことがある人は？」と聞くと、1～2割程度であるが手をあげる人がいる。お祭りの駐車場整理をする自治体職員が、どうして地域住民にお叱りを受けるのだろうか。

　地方においては民間の給与水準は必ずしも高くない。一方、国家公務員給与を基準に設定される地方公務員の給与は、民間人からみると比較的高いと思われている。よって納税者である市民の側からすると「どうして君が駐車場の整理をしているんだ？　もっとやることがあるんじゃないの⁉」ということになる。「誰もやる人がいないから、わたしがやっているん

だ!!」と反論したくなる自治体職員の気持ちは分かるが、この事例は観光地域振興の現場が抱える根深い課題を映しだしていると言える。

　官民を問わず、一般的に業務と言われるものを仮に「仕事」と「作業」の2つに分けて考えてみたい。ここで言う「仕事」とは、これまで2時間かかっていた業務を1時間でできるように改善するとか、これまでなかった新しい仕組みをつくりあげるといった、生産性をあげ、新たな価値を生み出すような取り組みを指す。一方の「作業」は、大きな変化なく繰り返し行われる単調で代替可能な業務のことを指す。

　この分類で考えた場合、筆者の知る限り、自治体の観光部局や観光協会の職員の日常業務における「作業」時間の比率は圧倒的に高い。つまり観光行政や観光協会の現場には、「作業」に追われ、なかなか「仕事」の時間が確保できないという実態がある。日常業務における「作業」時間の占める比率が極めて高いのは、まさにマネジメントの問題であり、職員が地域のなかから価値を生み出す「仕事」に取り組める環境をどのように整えるのか、その業務を詳細に確認し、整理し直すことは現場の管理職にとって極めて重要な課題である。

◆観光行政を考える際の、その他の課題

◇予算管理

　本節の最後に、地域の観光マネジメントを考える際、上記以外にも頭に入れておきたい、いくつかの点について簡単にふれておきたい。

　まず1つめは行政の観光予算の考え方についてである。通常、市町村の観光予算の多くは、お祭りなど観光イベントの運営補助金や観光協会への補助金（観光パンフレットの制作や観光案内所の運営など）として使われることが多い。本来、行政の観光予算は投資予算であると筆者は考えている。投資には短期的なものと中長期的なものがあることを前提に、分かりやすく言えば、観光振興を目的とする税金を1億円投入して、交流人口が

拡大することで地域に 2 億円がもたらされるといった成果を得るために公的資金が支出されることが望ましい。そのためには、どれだけ投資をしていくら回収されたかという経済効果が誰にも分かりやすく提示されなければならない。そして、それを翌年の計画や予算額に反映させていくサイクルが必要である。ところが、この費用対効果を測定しにくいことが、観光振興計画とその財源となる公的資金（予算）との因果関係が、いまひとつはっきりしない要因の 1 つになっている。都道府県や市町村は、この計画と予算と成果についての評価指標、ならびにその仕組みをしっかりと整えることで、議会および納税者である市民からの合意を得て、継続的で安定的な観光振興に取り組める環境を整えていくことが求められている。

◇ハード系施設の管理

　もう 1 つは観光振興に関連する施設、つまりハード系のマネジメントの問題である。本書では、観光マネジメントのなかでも、地域の「人」と「組織」、そして「計画」や「推進体制」というソフト系の観光マネジメントに絞って議論を進めてきた。しかし地域における観光マネジメントを考える際、同時並行的に必要となるのがハード系の観光マネジメントである。

　来訪者に快適に旅をしてもらうためには、トイレや駐車場をはじめ道路や橋などインフラの整備やバス・タクシーといった二次交通機関の整備も必要とされる。さらに、観光資源となる自然環境や街並み景観の保全におけるマネジメント、ランドマークとなる歴史的建造物の補修や維持管理、新たな魅力づくり・新たなマーケット開拓の切り札となる施設整備などが議論の俎上にあがることもある。

　たとえば近年、いくつかの地域で取り組まれ、実効性のある取り組みとして注目されるのがスポーツ観光だ。インフラの整備は行政主導で取り組まれ、補助金や交付金、さらに起債などにより集めた資金で野球場や陸上運動場を建設し、スポーツ合宿・スポーツイベントの誘致活動が展開される。観光部局の職員らが営業活動に走り回り、その受け入れはまち全体で

行われる。

　設備投資を組み込んだこうした取り組みは、マーケティングにもとづいたまち全体の観光振興計画を基礎に、その優先順位や、投資による経済波及効果、実効性のある推進体制が組めるか否かなどを議論したうえで、マネジメント体制を整える必要がある。

　こうした未来に向けた計画と同時に、老朽化した観光系施設の改修や、ときには取り壊しといった既存施設のあり方や活用方策についても観光マネジメントの範疇に含まれる。あちこちのまちで温泉施設を見かけるが、それらは市町村直営もあれば指定管理による公設民営の施設もある。これらにかかる経費は、どの部局の予算枠から支出されるかは自治体によって異なるようだが、観光振興のために造られた施設に来訪者が集まらず、いつの間にかいちばんのお客様は地元の高齢者となっていることも少なくない。観光（投資）目的で建設された施設が、地域住民の福祉的な目的で運営されている典型的なケースである。

　小さな自治体でも、観光関連施設の維持管理に億単位の支出をしているところもある。ある市では複数の施設の維持管理費が年間10億円近くに達し、それら施設で地元の人が100人近く雇用されているという。個々の施設をみていくと、その多くが採算割れしているようだが、潰すに潰せず毎年きまったお金が支出されていくという。

　用途転用の是非は別として、新たな施設の建設、既存施設の撤退への道筋づくり、可能であるなら民間への売却の検討なども含め、こうした観光関連施設の現状把握と将来に向けた計画づくり、そしてその観光マネジメントは、極めて重要な課題だ。

第 3 節

自治体レベルの観光マネジメントは機能しているか

◆自治体レベルの観光マネジメントとは

◇まち全体を1つの集客装置として考える

　本書では、地域における観光振興の推進体制のなかに行き詰まりの要因が潜んでいるという仮説をもとに、新たな観光まちづくりの推進母体として台頭する観光まちづくり組織が成果をあげている要因を取りあげ、それらと比較しながら、観光行政や観光協会が抱える課題、さらにまち全体の観光振興計画と推進体制について、その実情をみてきた。

　観光振興の現場がさまざまな課題を抱えていることを了解しつつも、成果のあがる体制つまりマネジメントが機能する体制を、それぞれの地域に整えていくことが地域をブレイクスルーへと導く1つの方策であると筆者は考えている。しかしながら、ここで断っておきたいのだが、地域における観光マネジメントについて筆者自身の頭のなかに明快な理論や枠組みが描けている訳ではない。そもそも地域における観光マネジメントは、第2章で解説した観光マーケティングと比較して、実践に応用しやすい枠組みを組み立てづらい側面がある。観光マネジメントの内容が、単独の組織マネジメントと同じ構造にあるのなら比較的分かりやすいが、まち全体の観

光マネジメントとなると、利害や思惑が交錯する人や組織が共存する地域において、行政をはじめ多様な主体の関係性などの実態を解き明かすことが必要となる。さらに、たとえ理論的な枠組みが提示されたとしても、それを実際に適用するとなると「思わぬ力学」が複雑にからみあってくるのが常だ。地域社会における人や組織は必ずしも合理的な判断にもとづいて動くとは限らず、社会情勢や政治状況などから影響を受けることが避けられないからである。

そこで、以下では、地域における観光マネジメントの理論的な考察ではなく、実践に応用できるよう「まち全体の観光マネジメントの現状把握」という視点から順に考えていくことにしたい。

その前提として、本書では「観光マネジメントを機能させる基本フレーム」と「観光マネジメントが機能している状態」について、以下のように設定することとしたい。

観光マネジメントを機能させる基本フレーム

まち全体を1つの「集客装置」と考える

観光マネジメントが機能している状態

交流人口の拡大による地域活性化を目的に、地域内の複数の主体が、地域がめざす方向性について合意を図り、計画を共有して協働関係を築き、組織的な活動を展開することで、成果を達成しうる状態。

◇まちと東京ディズニーリゾートを比べてみる

まち全体を1つの「集客装置」として捉えることで、まちの全体最適を

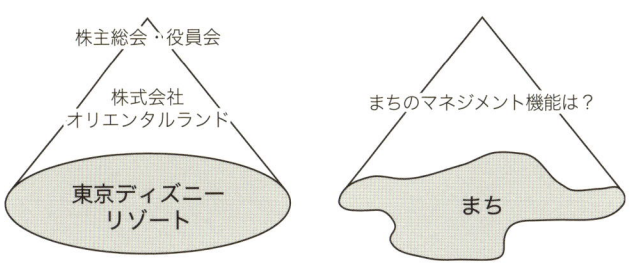

図5・6　まちを1つの集客装置と見立てた場合の東京ディズニーリゾートとの比較

図りながら、交流人口の拡大による地域活性化を推進する際のマネジメントについて考えてみたい。ここで、イメージが湧きやすいよう、単独の組織においてマネジメントが機能している集客装置と比べてみよう。図5・6は、日本でもっとも成功している集客装置の1つ「東京ディズニーリゾート」と「まち」の比較である。

ご承知のとおり、東京ディズニーリゾートは1983年の開業以来、多くの人びとから愛され、数多くのリピーターに支持され続ける極めて人気の高い集客装置である。東京ディズニーリゾートは、明確なコンセプトに従って大規模な施設を建設し、マーケティングにもとづくプロモーション活動を展開し、数多くのリピーターを獲得することに成功している。そして、入園料・グッズ販売・飲食関連をはじめとする複合的な収入を確保し、東京ディズニーリゾート運営に要する設備投資などを含む必要経費が賄える持続可能な運営体制を有している。この東京ディズニーリゾートの運営責任を担っているのは㈱オリエンタルランドという株式会社（正確には同社は関連会社の持ち株会社）であり、適切なマネジメントが行われることで、多くの人びとに夢や楽しみを提供し続けることを可能としている。

一方、「まち」を1つの集客装置と見たてた場合、そのマネジメントの構造はどうなっているのであろうか。観光まちづくりによる地域の活性化を目的とする取り組みでは、異なる利害を有する複数の主体（人や組織）の合意形成を図りながら、まち全体の方向づけを行い、地域内外の経営資

源を有効活用することで、交流人口を増やし、まち全体を活性化させていくことが求められる。会社組織の場合は、職務権限や業務分掌が明確であり、主たる経営資源がコントロールしやすい環境下にあるが、まち全体のマネジメントの場合は、利害が錯綜する多数の主体（人と組織）が重要な経営資源となることから、そのマネジメントのあり方は会社組織とは自ずと異なると言えるだろう。

◇観光推進計画とその推進体制の把握が重要

　ここで前節の議論を振り返っていただきたい。行政の観光部局と観光協会、市民や民間事業者といった地域の主体が、自治体の策定した観光振興計画に沿って、どのような関係のもとにどのような役割を果たし、個々の取り組みがどう評価されているのか正確に把握することが重要であると述べた。

　じつは、これら「観光関連の行政部局」「観光協会」「関連事業者」「市民」、そして「観光推進計画とその推進体制」を正確に把握することは、「観光マネジメントの現状把握」とほぼ同義であると考えることができる。

　そこで、さきほどの「観光マネジメントが機能している状態」の要件を満たしているかどうかを確認してみてほしい。果たして「計画に携わる地域内の複数の主体が、めざすべき方向性について合意し、計画を共有して協働関係を築き、組織的な活動を展開することで、成果を達成することを可能にしている」と言えるだろうか。もし、そうであれば、その精度がどのようなレベルであったとしても「観光マネジメントが機能している」と判断することができる。

　また、そうでない場合は、「複数の主体」「合意形成」「計画の共有」「協働関係の構築」「組織的な展開による成果の達成（PDCAサイクル）」といった重要項目のなかで、どの項目がうまくいっており、どの部分が欠如しているのか、もしくは、どの項目を改良することで「観光マネジメント機能が強化されるのか」を評価していただきたい。

続いて、「まち全体の観光マネジメント機能の強化」を考えるに際し、その機能強化に向けた可能性が見いだせるよう、地域の観光マネジメントを俯瞰する視点を提示してみたい。

◆自治体レベルの観光マネジメントのポイント

◇まち全体とテーマ（カテゴリー）別・エリア別の取り組み

　第一の視点は、観光マネジメントの種類についてである。地域の観光マネジメントには、二種類の階層があると考えられる。1つめの階層は、「まち全体の観光マネジメント」であり、もう1つの階層は「テーマ（カテゴリー）別・エリア別の観光マネジメント」である。

　第1階層の、「まち全体の観光マネジメント」は、まち全体の観光振興を図る観光振興計画等にもとづいて行われ、多くの場合、当該自治体の観光（首長）部局や観光協会が事業の推進主体となる。

　第2階層の、「テーマ（カテゴリー）別・エリア別の観光マネジメント」は、スポーツ観光や医療観光、教育旅行、地域間交流、フィルムコミッション、MICE、移住定住の推進といったテーマ別事業や、高島市のなかの針江生水の郷のような自治体よりも小さなエリアのマネジメントであり、マーケット別の顧客を個々に集客するためのマネジメント機能である。その

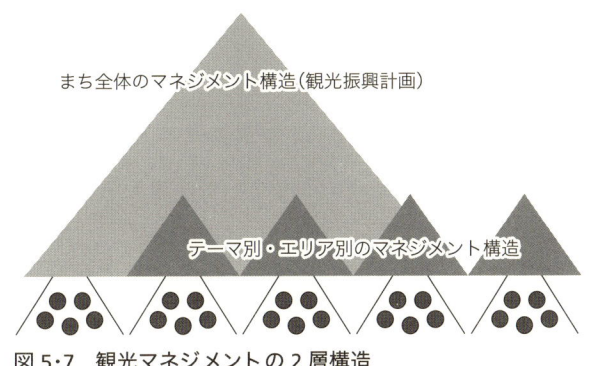

図5・7　観光マネジメントの2層構造

推進主体は自治体のこともあれば、観光協会やその他の民間団体のケースもあり、教育旅行における農村体験に特化した南信州観光公社の取り組みなども、この第2階層のマネジメント組織ということができる。なおこの第2階層のマネジメント構造は、そのすべてが、まち全体の観光マネジメントに組み込まれているとは限らず、その枠外における取り組みも存在している。

◇推進組織そのもののマネジメントと推進体制のマネジメント

さらに第1・第2階層の両方において「推進組織そのもののマネジメント」と「地域の人材・組織を巻き込む推進体制のマネジメント」という質的に異なる2つのマネジメントが必要となってくる。

「推進組織のマネジメント」とは、行政の各部局や観光協会、NPOや観光事業者など、それぞれのマネジメントのことだ。もし観光マネジメントに1つの組織だけで取り組むのであれば、その組織のマネジメントが推進組織のマネジメントとなるが、たとえば観光部局と他の部局、さらに観光協会や商工会議所なども連携して取り組むのであれば、それら複数の主体からなる推進組織そのもののマネジメントが必要になる。

もう1つの「地域の人材・組織を巻き込む推進体制のマネジメント」とは、推進組織が地域の人や組織と連携・協働したり、ボランティアでの参加や協力を得ながら観光まちづくりを進める体制のマネジメントのことだ。

たとえば観光部局と観光協会がイベントを実施する際、会場や機材の会社と契約して進める部分もあれば、企画運営するNPOに補助金をだしたり、市民ボランティアの参加を募って進める部分もある。さらに市民や事業者にイベントを盛り上げるような演出をお願いすることもあるだろう。加えて、イベント会場への足となる交通事業者や、会場周辺の飲食をはじめとする事業者らの協力も重要だ。

このような「地域の人材・組織を巻き込む推進体制のマネジメント」では、マネジメント主体と協力する地域内の人や組織との関係性は契約にも

表5・1 観光マネジメントの対象と形態を考えてみる

		第1階層 事業（プロジェクト）				行政の計画とは別に進められる民間事業（プロジェクト）			
		A	B	C	…	…	S	T	U
ターゲット別の第2階層	関連主体との関係性								
推進組織そのもの	明確								
	曖昧								
協働する推進体制	明確								
	曖昧								

とづかないケースも多く、組織や推進組織のマネジメントとは質的に異なるマネジメントが求められることになる。

以上を表5・1に整理したので、観光マネジメントの実態を把握して整理するために活用してみてほしい。

◇ 複数の主体が果たしている機能を「機能分析表」で俯瞰する

続いて、地域における観光マネジメントを機能させるために役立つツールを1つ紹介してみたい。

交流人口の拡大を目的として活動する主体の「機能」に焦点をあて、個々の主体が地域の内と外に対して、どのような役割を果たしているのか俯瞰するためのツールである。表5・2は、筆者が試作した「集客交流機能分析表」である。この表の各項目に記入していくことで、集客交流事業に携わる官民すべての主体が、地域の内と外に対して、どのような機能を果たしているのか一覧することが可能になる。

行政の欄には、交流人口の拡大に関連のある各部局のほか、県や国の機関や広域的な事業主体を書き入れてもよい。第3セクターの欄には、行政が関与する社団や公社や株式会社、そして民間非営利の欄には、公益非公益問わずNPOなど市民の活動を個々に記入する。最後に、民間営利の欄には、宿泊・飲食物販・二次交通といった個々の事業者の取り組みも可能な範囲で記入してみてほしい。

表 5・2　集客交流を活用した地域振興にかかわる事業主体の機能分析表

事業主体		組織名称	経営(ガバナンス)			取扱人数		公的資金投入金額	経済効果	外向きの機能			内向きの機能									
													対地域全体			対顧客サービス		対事業パートナー		対域内来訪者		
			意思決定	原資	運営資金	入込	宿泊			広報宣伝	営業	資金調達	人・組織の育成	合意形成	雇用	資源コーディネート	サービス(商品)開発	品質・安全管理	調達	送客	商品販売	サービス提供	情報提供	品質保証/苦情処理
行政		A																					
		B																					
		C																					
第3セクター		D	D1																				
			D2																				
			D3																				
		E	E1																				
			E2																				
		F																					
		G																					
民間非営利	公益	H																					
		I																					
		J																					
		K																					
	非公益	L																					
		M																					
		N																					
		O																					
民間営利	宿	P																					
		Q																					
		R																					
	施設	S																					
		T																					
	飲食	U																					
		V																					
	物販	W																					
		X																					
	二次交通	Y																					
		Z																					

官 ←→ 民

さらに、それぞれが果たしている機能とともに雇用者数や取扱人数といった事業の規模や、地域に与える経済効果についても明らかにするところまで書き込むことができれば、交流人口の拡大に対して、それぞれの主体がどのように寄与しているのか、まち全体の姿を俯瞰することができるようになる。

　この機能分析表は、あくまで筆者が試作したサンプルなので、それぞれの地域で改良を加えながら使いやすい様式に変えて活用していただきたい。

　完成した表を一覧すると、まちのなかで重複している機能や、反対に不足している機能などが見えてくるだろう。行政の視点からすると、各主体の機能や取り組み状況を一覧表により俯瞰して整理することで、より効率のあがる実効性の高い観光振興の体制や、そのあり方について検討する資料になるはずだ。

　ちなみに、表の上位部（官）の比率が高い地域は「行政主導型」、反対に表の下位部（民）の比率が高い地域は「民間主導型」と評価することができる。なお、まちの規模が大きく事業主体が多数存在する地域においては、民間営利の欄にすべての主体を書き切れないことから、個々の事業主体ではなく「宿泊施設」や「飲食・物販」をひとまとめにするなど工夫を加えてほしい。

　さらに、個々バラバラに活動している隣接する複数の市町村や観光協会が、この「集客交流機能分析表」を活用して、個々の予算と成果を評価分析することで、域外に向けた情報発信や外部からの受付窓口を一元化するといったアイデアを検討することも可能となってくる（第3章ケース4の事例参照）。同様に、市町村合併により複数の観光協会の整理統合を迫られる地域においては、うまく活用することで、合意形成を図るためのツールとして大いに活用していただけることを期待したい。

第4節

新しい地域マネジメント主体の可能性

◆対等のパートナーシップの担い手はどこにいるか

◇「新しい公共」への期待

　一般的に、まち全体の人や組織をマネジメントするのは行政であり、首長がリーダーシップを発揮して官民一体となって観光振興に取り組むのが理想だと考える人が多いのではないだろうか。しかしながら、現場を預かる市町村の観光部局や観光協会の職員が置かれている環境、さらに行政組織には、本章2節で指摘したような構造的な課題がいくつも積み残されている。

　観光に携わる自治体職員を対象とした研修会において「観光課のいちばん大切な役割は何でしょうか？」と聞いたとき、もっとも多い回答は「コーディネート機能」であった。「観光振興計画のマネジメントではないのですか？」と聞くと、誰もがピンとこないという顔をする。マネジメントという言葉に対して少なからず支配的なイメージを抱くのかもしれない。もしくは「観光のマネジメント」といわれても、なにをどのようにすることを指すのかイメージが湧かないというのが実際のところではないだろうか。いずれにしても、観光行政の現場においては「観光マネジメント」は自ら

が担うべき役割とは必ずしも認識されていないようである。

　さらに近年、公共サービスの担い手についての考え方は大きく変化してきている。従来、公共サービスの担い手といえば「行政」であった。しかし質的変化をとげながら多様化する住民ニーズは、必要とされる公共サービスの量的拡大を推し進め、行政支出の縮小を迫られる状況においては、行政だけでは必要十分なサービスを提供できなくなってきている。そのような背景から生まれてきたのが「新しい公共（新たな公）」の考え方である。2011年6月、岩手県遠野市で内閣府「新しい公共」分野の復興支援策事業のヒアリングに同席した際、本田敏秋・遠野市長が語った次の話は象徴的だった。「行政がなにか取り組もうとすると、公平・平等なサービスを行わなくてはならない。しかし、被災地の現場には多様で異なる個別ニーズが存在している。公平でないから一部の人に対する支援はできないとなると誰も助からない。市民の自発的な取り組みにより大いに助けられている」。

　これまで行政が担ってきた地域づくりにおいても、多様な民間主体をその担い手としてとらえなおし、それら民間主体と行政が協働することにより、従来の「公」領域に加え、「公」と「私」の中間的な領域へも活動を広げることが可能となる。このように官民が協働することで、きめ細かで多様な公共サービスが供給される社会を築こうとするのが「新しい公共（新たな公）」の考え方である。そしてこの考え方は、公共サービス供給の担い手の話にとどまらず、行政の政策形成プロセスにおいても官民が協働する同様のスキームが期待されている。

　さらに、それら担い手の組織形態については、従来のイメージだと自治体など地方公共団体であり、公益法人（旧来の公益法人を指す）もしくは株式会社形態の第3セクターに限られる印象をもつかもしれない。しかし新しい公共の概念では、市民が自主的に取り組む民間非営利団体（NPO法人含む）をはじめ、公共性や公益性の高い営利組織もその担い手に含まれる。ソーシャルビジネスと呼ばれるものが、まさにそれで、民間資本かつ株式会社のような営利法人であったとしても、公共性の高いまちへの貢献

をもたらすものであれば公共サービスの担い手として位置づけられるのである。

◇求められる官民のパートナーシップの新しいあり方
　福祉や保健医療、社会教育などの分野においては、新しい公共の概念にもとづき官民が協働して成果をあげている取り組みが少なからず見受けられる。それでは観光の分野においてはどうであろうか。
　前節で述べたとおり観光分野においては、新しい公共という言葉が普及する以前より、官民が協働する体制が整っているように見える。観光協会の構成メンバーは地元の民間事業者であり、法人格のあるなしにかかわらず基本的には民間団体としての位置づけにある。そして、その観光協会と観光行政が二人三脚で観光振興にこれまで取り組んできた。しかしながら、その実態をよく見ていくと、この両者の関係性は、近年、求められているパートナーシップの姿とはかなり異なるものであることが分かってくる。
　筆者は、現状の体制そのものがすべて悪いと言っているのでない。大切なのは、成果をだすことである。多くの地域において、現体制において期待される成果がなかなか生み出せずに閉塞感に包まれているのも現実であり、それを打破するためも前節で問題提起したとおり、マネジメント機能が脆弱であることこそが指摘されるべきポイントとなるのである。

◆観光まちづくり組織のパートナーシップの主体としのて可能性

　こうした現状を踏まえ、地域の観光マネジメントにおける観光まちづくり組織の機能について振り返ってみたい。
　観光まちづくり組織は、
　①地域資源を編集加工して商品化して販売する機能
　②「官と民」「観光関連の人や組織とそれ以外の人や組織」「行政と行政」
　　という3つの〈壁〉を超える機能

を必ず持っており、そして、いくつかの組織は、
　③地域資源をコーディネートする地域のワンストップ窓口機能
を有している。
　また行政からの補助金を受けている場合もあるが、さまざまな事業を組み合わせることで、行政からの自立をめざしている。それゆえ行政と対等なパートナーシップを結ぶ資格を持っている。
　さらにそれぞれの組織は、前節に記した「マネジメントが機能している状態」を生み出している。
　このように観光まちづくり組織は、地元のステークホルダーへの配慮、行政依存の財政構造などの理由により、真正面から顧客ニーズに向き合えない現状の体制から抜け出し、顧客志向のサービス提供により資金を獲得する収益構造に転換することで、結果として、まち全体の観光マネジメントが部分的にでも効果的に機能する仕組みとなっているのである。
　一方、官民が協働するパートナーシップ型の観光マネジメントには、その目的および地域特性、リーダーシップのあり方などによって、いろいろなスタイルが考えられる。
　首長自らリーダーシップを発揮して官民の連携で進める行政主導型のケースもあれば、行政が部局ごとに横の連携をはかりながらインフラ整備も含めて取り組み、青年会議所（JC）や商工会議所、観光協会といった複数の民間団体が個別に役割を担うケースもある。また地域の民間人リーダーが中心となって民間の人や組織が主導的な役割を果たし、行政は裏方にまわってそれらの活動を支えるというケースもある。そして、わが国において、これまでに成果を生み出してきた観光マネジメントの多くは、観光カリスマと呼ばれる個人に代表される地域リーダーが存在し、パートナーシップを重視しながらも、個人の類まれなる属人的な能力により推進されてきたものであり、それらは決して組織的ではなかった。
　その点、観光まちづくりのためのプラットフォーム型事業組織（観光まちづくり組織）は、昨今のマルチパートナーシップによる地域づくりとい

う新たな潮流のなかで、複数の主体が複合的に参画しながらも組織的に経営する体制を整えたものと言える。すなわち「マルチパートナーシップを内在したプラットフォーム型事業組織」と考えることもできる。

　いずれにしてもパートナーシップを形成して成果を生み出すためには、基本理念とともにしっかりとした計画が存在し、利害関係者からの賛同を得ることが不可欠であり、そこに参画する人や組織の個々の役割が明確であり、それらをマネジメントする機能が備わっていることが、もっとも重要なのである。

◆改めて考えたい2つの質問

　機能分析表を使って、地域内で活動する各主体の機能を整理し、「新しい公共」の概念も取り入れながら、次の「改めて考えたい2つの質問」について、みなさんで議論してみてほしい。

改めて考えたい2の質問

問1：地域の観光マネジメントは誰が担うのか？
問2：そもそも観光振興計画に関する持続可能で正統性をもつ合意形成は可能なのか？

　「マネジメントの父」とも称されるピーター・F・ドラッカーは、「マネジメントは組織に成果をあげさせるための機関である」と述べている。これを観光マネジメントに適用させて考えると、まち全体の交流人口の拡大による地域の活性化という成果をあげさせる機関はどこにあって、誰がその責を担うのか、ということである。

　さらに、2節では自治体の観光振興計画においてPDCAサイクルが必ずしも機能していない現状を指摘したが、そもそも「持続可能で正統性をも

つ合意形成」というのは存在するのだろうか。あるまちでは、行政が打ちだしたコンセプトに沿って地元の事業者がそのイメージに沿った宿泊施設を建設した。しかしながら、そのコンセプトが地域のなかで継承されず、いつかは忘れ去られ、その宿泊施設だけがあたり一帯の景観に溶け込めず、違和感を生じさせるような建築物になってしまったといったケースもある。

　社会状況や市場が変化することで組織の事業は当然のことながら変化する。筆者のよく知る広域観光組織では、地域の政治的な動きに連動してステイクホルダーが変化し、かつて地域の主要メンバーで合意された組織の果たすべき成果についての認識が書き換えられ、事業内容や組織の位置づけも過去のものになってしまう、という現実を目の当たりにした。また、行政のトップが変わることで、計画が一瞬にして書き換えられるといった出来事は決してめずらしい話ではない。

　このような複雑怪奇ともいえる地域社会のなかで、地域の実情に合致した「観光マネジメントのあり方」を創造していくことこそ、地域の観光振興の行き詰まりを打破し、ブレイクスルーに導く鍵である。こうした問いをまち全体で考え、ともに答えを共有していく過程において、それぞれの地域特性にあった観光マネジメントのあり方や方法論が生まれてくることを筆者は期待している。

第6章

観光立国に向けた構造改革

第1節

本気度が問われる観光立国

◆観光立国へ向けた取り組み

◇観光立国推進基本法

　ここまで、観光まちづくりの新たな推進母体として台頭してきた観光まちづくり組織について紹介しながら、地域におけるマーケティング能力を強化し、マネジメントが機能する体制を整えることの必要性について述べてきた。最終章では「観光立国」を標榜するわが国の観光振興の取り組み全般における観光まちづくりの位置づけと、他の観光関連分野との関係性について整理しておきたい。

　まず、わが国における「観光」の位置づけであるが、戦後の成長期を通して「観光」という分野は、国家の取り組むべき重要施策として位置づけられてこなかった。他の分野、たとえば農業においては各地に配された国家資格をもつ専門家が農業指導を行い、地域の商工業においても商工会議所・商工会が市町村ごとに設置され経営指導員によるサポートが行われてきた。一方、観光の分野では、各地に観光協会はあるものの、国を挙げて観光に取り組む組織的な体制は整っておらず、観光の専門家が配置されているわけでもない。

戦後のわが国における観光振興の動きを振り返ると、古くは田中角栄首相の時代から、高度経済成長と列島改造の波に乗って各地で観光施設やホテルの建設が進められ、可処分所得と余暇時間が増えた国民の多くがレジャーとして旅を楽しむようになった。そして1980年代のバブル全盛期にはリゾート法ができ、大型ホテルやリゾート施設が次々と建設され、観光地も観光産業も絶頂期を謳歌した。

　しかしながら1990年代初頭のバブル崩壊により、それら大型ホテルやリゾート施設の多くが経営に行き詰まり、かつて賑わった観光地は入込客数が激減し、右肩下がりの時代を迎えることになる。

　そして2006年12月、小泉首相の下で「観光立国推進基本法」が成立し、翌2007年に「観光立国推進基本計画」が閣議決定され、2008年には国土交通省の外局として観光庁が創設される。ここにきて、ようやく国家として「観光」に取り組む体制が整えられ、観光に対する人びとの関心も高まりを見せるようになったのである。

　ちなみに観光庁に割り当てられる国の予算をみると、同庁設立初年度の2008年が約43億円、2012年度は復興庁に計上される復興・復旧枠を含めても100億円余り。その予算の多くはビジット・ジャパン・キャンペーン（VJC）を主とするインバウンド振興に振り向けられている。一方、広い意味での観光、つまり「観光まちづくり」分野に関連する国の財政支出は、国土交通省・観光庁以外の省庁も含め4兆円を超える。観光まちづくりは、多様な地域の事業者が参画する総合的な地域振興策であることから、総務省・経産省・環境省・農水省など複数の省庁により複合的に取り組まれている。しかしながら、個々の施策が最終的にめざすものは地域振興であり、対象は同じ地域であるにもかかわらず、行政の仕組みとして縦割りとなることから、効率的・効果的な成果に結びつけるためには省庁間における連携と調整が求められる。一方、地域サイドにおいては、これら分断された施策を統合する受け皿が必要であり、その役割が期待される観光まちづくり組織や広域観光組織の重要性を改めて見いだすことができる。

◇効率のよい「貿易」としての観光

　このように「観光立国」を提唱し、国として体制を整え、観光が注目を集めるようになったのは、つい最近のことであるが、「外客誘致」の考え方は、かなり昔から日本にあったようだ。

　明治時代、「貴賓会」という外国人観光客誘致機関があり、外国語の地図や観光地・宿泊施設のパンフレットを制作したり、外国人の受入れにおけるサービスの品質管理や外国人観光客に対して便宜を図るといった事業を行っていた。その流れをひいて1912（明治45）年に「ジャパン・ツーリスト・ビューロー（Japan Tourist Bureau）」が設立されている。これは日本政府観光局（JNTO）へとつながる動きであり、2012年に創業100周年を迎えたJTBの前身ともなっている。

　外国人観光客を世界中から誘致し、日本を正しく知ってもらい、国際ビジネスのきっかけをつくり、国内での消費により外貨を獲得することの重要性は、明治期においてすでに認識され、官民が混然一体となって取り組まれていたのである。

　さらに戦後に入り、昭和30年代から「観光立国」を熱心に提唱してきた人物がいた。松下電器産業（現・パナソニック）の創業経営者である松下幸之助氏である。昭和30年代といえば、まさに高度経済成長の真っただ中。日本は、製鉄や造船、重化学工業などをはじめとする工業化を推し進め、第二次産業の振興を図ることで雇用の拡大と国民所得の向上をめざした。海外から資源を輸入し、それらを加工して商品をつくり、海外に輸出して外貨を稼ぐ「貿易立国」が、いまで言う成長戦略であった。そうした時代背景のなか、時の関西財界人が「貿易立国」について語り合う集まりの席上、松下氏は「貿易にもいろいろなものがあるが、もっとも効率のよい貿易は観光だ」と述べ、次のような趣旨の持論を展開した。

　「日本は世界でも稀にみる美しい景観を有している。気候風土にも恵まれている。ついては世界中の人たちに日本に来てもらって日本を楽しんでもらってお金を落としてもらう。これは海外から資源を買い、加工して輸

出する以上に効率のよい貿易である。海外にある日本の出先機関に日本のPR担当者を置いて大いに日本を宣伝する。また国費を投じて、道路・港・空港・鉄道などのインフラを整備し、民間はホテルやレストランなどサービスをつくって海外からのお客様をもてなす。観光は経済的にみても効率のよい取り組みであり、わが国は『観光立国』をめざすべきである」。

　ところが残念なことに、この松下氏の主張は、時の政府を含めて世間に広く浸透することはなかった。そもそも日本人の海外渡航が自由化されたのは1964年、東京オリンピックが開催された年である。松下氏が観光立国を熱心に提唱した昭和30年代は、海外への渡航経験をもつ日本人は極めて少なく、外国人の姿を見るのも稀な時代であった。筆者がまだ小学生だった当時、「アップダウンクイズ」というテレビ番組があり、司会者のお決まりのフレーズは「10問正解して夢のハワイへ」だった。その時代の日本人にとって、ハワイ旅行はまさに夢だったのである。高度経済成長の真っただ中、工業社会に向けて驀進する時代、海外から観光客を呼び込むことで外需獲得を図るというアイデアは、なかなかリアリティをもって受け入れられなかったのではないだろうか。

　ちなみに「効率のよい貿易」という考え方の一例であるが、モノを諸外国で売るためには金融機関をはじめとするさまざまな貿易実務が発生する。しかし海外から来訪者を受け入れる観光は、査証の取得、入国審査や通関などは観光客本人が行うので手間がかからず、銀行口座を開くだけで国境を越えたビジネスが可能になる。人とモノの国際展開を考える場合、観光は参入障壁が低いことから国際ビジネスの経験がない場合、モノを輸出する前に観光で人の流れをつくるのが得策といえるかもしれない。

◇爆発的に拡大するアジア・太平洋地域の旅行市場

　日本人が自由に海外旅行をできるようになって、まだ50年余りだが、この50年の間に日本人の所得は飛躍的に向上し、世界中の情報が容易に入手可能となり、ツアー料金も安くなって海外旅行のハードルは低くなった。

いまでは20代の若者にとってもハワイ旅行は決して夢物語ではない。じつは、日本におけるこの50年と同じ変化が、いままさに中国を中心とするアジア・太平洋地域でも起きている。

図6・1は、アジア・太平洋地域を訪れる国際観光客数の推移を示したものであるが、2010年には1億9,000万人を突破し、2020年には4億人に達すると予測されている。なかでも注目されるのが13億人の人口を抱える中国だ。一般的に、1人当たりGDPが年間3,000米ドルを超えると大衆消費に火がつくといわれているが、中国における中産階級は1億人に達したといわれ、その数はいまも増え続けている。中国における海外旅行者の数は、2000年に1,000万人だったのが、2011年には7,000万人にも達し、海外旅行者を生み出す巨大市場に急成長している。

また、中産階級の爆発的な拡大と並行して富裕層(注1)も拡大を遂げている。2008年末のメリルリンチ社の調査(注2)によると、世界の富裕層はアジア・太平洋地区と欧州・北米にそれぞれ300万人ずついるが、アジア・太平洋地区における保有資産は前年比30.9％増（9兆7,000億米ドル）と急

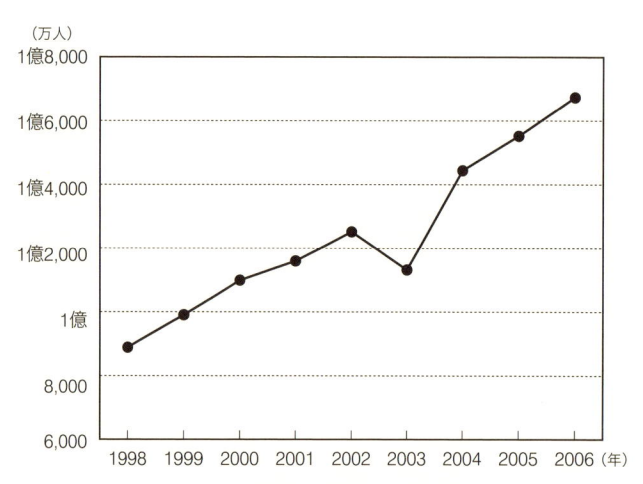

図6・1 アジア・太平洋地域の国際観光客数推移 （出典：国際観光機関(UNWTO)）

成長を遂げており、9兆5,000億米ドルの欧州をはじめて上回ったことが報告されている。世界の富裕層人口は約1,000万人といわれており、日本にはアジア・太平洋地域の富裕層人口の57％（137万人）がいる。一方、中国の富裕層人口は36万4,000人、保有資産総額は1.7兆米ドルとなって英国を抜き世界第4位となった。

　数年前から経産省が主導しているラグジュアリートラベルの推進は、こうした富裕層を日本に呼び込もうとする取り組みである。欧米を中心とするラグジュアリー・マーケットにおいては、レジャー目的の旅行に年間1億円以上使う人が10万人を超えているといわれている。プライベートジェットで移動し、ハイエンドな宿に泊まり、超一流のホンモノにふれることを望む富裕層には、日本が誇る伝統工芸品などの新たな顧客としての期待も寄せられる。中間層には高額な商品でも、これら富裕層は、気にいれば、すぐ購入につながる、という有望な市場でもあるからだ。

◆観光立国と観光まちづくり

◇世界に向かって地域を「開く」

　人口減少が進むわが国において、各地の観光地が将来にわたって国内需要だけに頼ってやっていくことは可能であろうか。もちろん日本人客だけで生き残れる観光地もあるかもしれない。アジアからの観光客が増えている昨今、宿泊施設のなかにはアジア系宿泊客の比率が一定以上になると日本人客が来なくなるという理由から、受け入れを制限している宿もあると聞く。確かに文化的背景の違いからか、マナーの問題などが指摘されるが、50年前の日本人も海外に行けば異文化にとまどい、各国から嬉しくない評価を受けたこともあったはずだ。時が経てば、問題視されているマナーも改善されていくと考えるのは甘い期待なのだろうか。

　いずれにしても、この先50年あるいは100年という長期的な視点から、地域の持続可能性を考えた場合、人口減少により縮小する国内需要には明

らかに限界があり、外国人観光客の受け入れは避けて通れない課題といえる。九州の観光地では、すでに韓国人観光客の占める比率が高まってきており、北海道のある大型温泉地では宿泊客の30％近くを外国人客が占めているという。

　もちろん還暦を過ぎた宿のオーナーが自分の代で商売をたたむというのであれば、これまでの延長線上でも問題はない。しかし、次の世代、さらにその次の世代のことを考え、ましてや日本が観光を成長産業と位置づけるのであれば、外国人観光客の受け入れは不可避であり、国際化する来訪者に対応するべく、外国人観光客のニーズに沿った新たなサービスの開発や、来訪者の国の文化に適合したホスピタリティの質的管理など、その受け入れ態勢を真剣に考えていかなければならない時代を迎えている。

　「観光まちづくり」は、その地に暮らす住民の暮らしの質的向上をはかりながら、その暮らしの一端を来訪者という地域外の人に「開く」という取り組みでもある。本書では、それら取り組みのなかでも主に国内マーケットを対象とする観光まちづくり組織の活動を紹介してきたが、いずれの組織も近い将来を見据えて文化の異なる海外マーケットを視野に入れることが必要となるだろう。さらにその先には、海外からの投資や移住といった、観光や物産販売の領域を超えるテーマに対処すべきときがくるかもしれない。まさに地域にとっては「新たな開国」を迎える。そうした世界の動きを見据えた長期的な予測のもとに、外的環境のみに振り回されない主座を保った地域独自の戦略を練ることが必要だ。

◇インバウンド振興における観光まちづくりの位置づけ

　筆者は2009年から2010年にかけ、国土交通省「成長戦略会議」の委員を務め、主に観光分野を担当した。図6・2は、同会議でのプレゼンの際に提示したインバウンド振興の枠組みを示した図である。

　海外からの来訪者の動きをもとに「海外市場（Market）」「国際交通機関（International Transportation）」「港湾・空港（Terminal）」「国内交通機関

国際環境				国内環境	
Market マーケット	Promotion プロモーション	Int. Transportation 航空機 船舶	Terminal 空港 港湾	Domestic Transportation 航空機 船舶 鉄道 車両	Destination 宿泊 飲食 二次交通 コンテンツ／人 景観／歴史文化など
旅行社	旅行社			ランドオペレーター	
			通関／査証 為替		

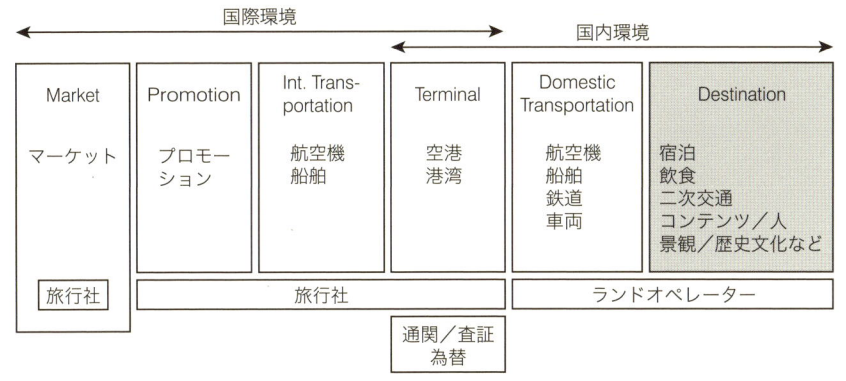

図6・2 インバウンド振興における観光まちづくりの位置づけ（アミ部分にかかわる）

(Domestic Transportation)」「地域（Destination）」と6つに区分したものである。マーケットには「広報宣伝（Promotion）」のための国の機関JNTOが存在し、これら個々の要素をつなぐ仕組みとして「旅行会社」がある。また日本に入国する際のハードルとして「査証・通関」が存在し、海外からの来訪者数には「為替」という要素が大きな影響を与える。

　このように海外からの観光客の流れとそれに関連する要素を俯瞰したときインバウンド振興策における「観光まちづくり」の位置づけが見えてくる。飛行機や空港などの交通インフラは、旅人にとっては「手段（ツール）」であるが、まずもって日本を旅先として選んでくれる「価値の源泉」はどこにあるかというと、それはデスティネーション（地域）の魅力そのものにある。つまり世界中の人びとに日本に来てもらうためには、「地域（デスティネーション）の魅力（競争力）」を高め、それらの魅力を適切な方法で的確なマーケットに発信していくことが大切になる。

◇デスティネーションの競争力の強化
　海外市場を見据えたデスティネーションの競争力を強化するとはどういうことだろうか。1つは「集客装置の整備」ということが考えられる。アメリカでは、大型のリゾート施設など人工的につくられた大規模集客装置

が人気を博すことが多い。そうした集客装置の代表例に東京ディズニーリゾートやユニバーサルスタジオ・ジャパンがあり、諸外国ではカジノを併設しているインテグレーティッド・リゾートがある。東京ディズニーリゾートやユニバーサルスタジオ・ジャパンは、「非日常」を人工的に演出したアミューズメント型の集客装置であるが、世界中の多くの人々から受け入れられ、その需要はますます拡大すると思われる。

　こうしたアミューズメント型の集客装置とは少し異なるが、「大都市」もまた世界中で根強い人気を誇るデスティネーションだ。日本の首都・東京は、国内外問わず観光客に人気が高く、ニューヨークやロンドン、パリといった各国の大都市を旅先に選ぶ日本人観光客は極めて多い。日本を旅先として選んでもらうデスティネーションのラインナップとして「集客装置」と「大都市」を充実させ、その機能強化を図ることがインバウンド振興の1つの方向性である。

　その一方で、日本の自然や日本人の暮らしや文化といった、わが国固有の要素がデスティネーションとしての「魅力の源泉」であることを忘れてはならない。

　1998年に渡辺京二氏が著した『逝きし世の面影』（葦書房）には、明治期以降に欧米から日本を訪れた知識人たちが見た日本と日本人に対する印象が克明に記されている。日本を旅したいずれの知識人も、美しい里山やその田園風景、そして笑顔を絶やさず仲睦まじく暮らす人びと、子どもが子どもらしく、誰もみな親切で礼儀正しく、といった日本人の特性に大いに感銘を受け「ここに楽園がある」という感想を述べたことが記されている。当時、日本を訪れた欧米人を惹きつけたものは「風景のうちに織り成される生活の意匠」だった。この話は「デスティネーションの競争力」を考えるうえで示唆に富んでいる。つまり、日本が永続的にデスティネーションとしての魅力を維持しつづけるためには、諸外国からの来訪者が驚き、また感動するような「日本人としての特性を活かした、心豊かで幸せな暮らしがそこに存在すること」が必要だということである。

そして決して忘れてはならないのは、ディズニーリゾートやユニバーサルスタジオのような集客装置は資金を投じて短期間でつくり出すことが可能であるのに対し、自然環境や暮らしの文化、そこにある意匠などは、永年にわたる人びとの暮らしそのものであり、一朝一夕に生み出せるものではなく、ひとたび破壊されたら二度と元には戻らないという点である。だからこそ、地域の特性を活かした観光まちづくりは、わが国の観光振興において極めて重要であり、国家の重点施策として位置づけられるべきものと筆者は考える。

　観光立国推進基本法には、「住んでよし、訪れてよしの国づくり」という基本理念が掲げられているが、地域には永年にわたって我々の祖先が築き上げてきたかけがえのない価値が秘められており、第1章で述べたとおり、ここ40～50年の近代化やグローバリゼーションという激変する社会環境により、それらが崩れ去ろうとしている現状を直視したとき、観光まちづくりの意義はより明らかになるのである。

第2節

全産業ぐるみの取り組みへ

◆共存共栄の関係にある交通事業者、交通施設と地域

◇鉄道・バス事業者と地域

　観光立国における観光まちづくりの位置づけについて述べてきたが、続いて観光まちづくりと他の関連分野との関係性について整理しておきたい。

　まずはデスティネーション（地域）と直接つながりをもつ交通事業者との関係をみてみよう。交通事業者と地域はもっとも密接な関係にあり、共通の利害を有している。

　交通機関は、地域と地域を結んで人やモノを運ぶのがその役割である。一方の地域から、もう一方の地域に運ぶ必要のあるモノが減ると貨物量は減少し、一方の地域に暮らす人が、もう一方の地域に行く必要性がなくなると旅客数は減少する。つまり一定の人口規模があり、相互の地域の人にとって、購入したいモノが生産され、訪れたい魅力をもつ2つの地域が存在することが、その間を結ぶ交通機関が存在する要件とも言える。鉄道の駅やバス停留所の後背地としてのまちの振興は、まちとまちをつなぐ交通機関の存続にかかわる問題であり、だからこそ地域と交通機関は、その関係性をより深め、共存共栄を図る仕組みをつくっていくことが求められる。

これまでも交通事業者は、関係する都道府県や市町村、観光協会や旅館組合など地域のさまざまな主体とともに観光振興に寄与してきた。そして、地域主導型観光の鍵をにぎる観光まちづくり組織が各地で生まれようとしている今、こうした新しい芽を育てていくことも交通事業者に求められる役割ではないだろうか。
　観光まちづくり組織がつくった着地型商品を交通事業者（もしくは関連の旅行会社）がマーケットサイドの駅でPRする、もしくは代理販売するなど直接的または間接的に観光まちづくり組織の活動を支援することを期待したい。各地で行われるデスティネーション・キャンペーン（DC）では、その期間中は来訪者に喜ばれるサービスが提供されるが、キャンペーン終了とともにそれらサービスがなくなることも少なくない。付加価値の高い地域の商品・サービスを、一過性で終わらせず継続性のあるものとするためにも、キャンペーンエリア内の観光まちづくり組織と協働しながら人材育成や組織づくりなどをパッケージ化していくことも検討してほしい。キャンペーンを通して観光まちづくり組織に投資・育成することで地域の持続可能性を支えるのである。
　また観光まちづくり組織の側も受け身ではなく自ら交通事業者に働きかけて商品づくりに取り組みたい。発地サイドでツアー造成が見込めない地域は、観光まちづくり組織自らバスや列車の席を仕入れ、地域資源と組み合わせた商品を開発し、狙いを定めたマーケットに自ら打ってでるといったチャレンジ精神も求められる。たとえば特急列車が停車するA駅のまちの観光まちづくり組織が、人口の大きいB駅後背地の住民を対象にマーケットを絞り込んだ商品を企画し、鉄道会社から座席を仕入れてパッケージ化して販売するといった感じである。事業規模の大きな鉄道会社は、売上が小さく利幅の少ない事業には取り組みにくいが、地域の観光まちづくり組織からすると、ある程度の利益確保の見通しがたつようならば検討に値する取り組みであろう。
　さらに全国には採算がとれず廃線が検討されているローカル鉄道も少な

くない。あるまちの市役所に、地元の中学・高校の名が記された鉄道存続をアピールするポスターが貼られていた。駅に行くと改札口の横に1冊のノートが置かれていて、ページをめくると「ガンバレ！」「みんなで乗ろう!!」という地元高校生、そして地域外の生徒からも熱いメッセージが綴られていた。言うまでもなく鉄道は大切な通学の足だ。通勤・通学という地元需要だけでは採算が取れない鉄道の存続には地域外からの利用が必要であり、その存続をかけ地域をあげて集客交流事業に取り組むことが求められる。公共交通の赤字が許されにくい日本では、まさに観光振興が地域の交通機関の命運を握っているといっても過言ではない。

◇航空会社と空港と地域

　鉄道やバスとともに地域への来訪者数に大きな影響を与える交通機関が航空機である。現在、わが国には100近くの空港が存在するが、それら空港建設の前提となった需要予測の多くが実態とかけ離れたものであったことが報道されたのは記憶に新しい。

　予測に反して利用が伸びず、チャーター便のみとなった空港や閉鎖された空港もあり、路線および空港そのものの維持に向けたさまざまな取り組みが求められている。

　2000年に開港した能登空港は、目標とする搭乗率を定め、それに満たない場合は地元が航空会社に保証金を支払い、目標搭乗率を上回った場合は地元が販売促進協力金を航空会社から受け取るという搭乗率保障制度を導入している。これは航空会社と地元地域が一体となって航空機の利用促進を図る仕組みだ。同空港では、周辺にある観光地のタクシー会社が乗り合いタクシーを配して観光地へのアクセスを容易にするほか、空港内に行政サービスの窓口や公共施設を設けて地元住民にも空港路線バスを利用してもらうなど地域と空港との関係性を強化することで空港の活性化を図ろうとしている。

　さらに、地域と空港、航空会社という枠組みでみると、海外には一定の

日数以上、その街に滞在したら飛行機代金を無料にするといった施策を実施しているケースがあるが、九州でも同様の考え方にもとづく「AirQ 構想（仮称）」が議論されている。中国をはじめとする東アジアの訪日客に対して、飛行機代を無料とするが、その条件として九州限定・期間限定のバウチャーを購入してもらい、滞在中にそのバウチャーを使い切ってもらうというアイデアだ。そしてバウチャーの売上の一部で運航経費の一部を賄うという大胆な構想である。

このように、地域と航空会社、そしてゲートウエイとなる空港といった三者が、交流人口の拡大と外需獲得に向けて協働しつつ共栄を図っていくのは、まさにこれからの課題といえよう。

筆者の生まれ育った宝塚は、阪急電鉄が少女歌劇場を設置して鉄道を敷き沿線の街を開発していったことで知られるが、近年においても JR 各社がターミナルを活用した不動産事業に精力的に取り組んでいる。このように鉄道会社が複合的な事業展開の可能性を有している一方で、地域と航空会社と空港を俯瞰すると、資本も経営もバラバラな組織が複数寄り集まって機能しているのが実情であり、思い切った事業展開が容易とはいいにくい側面をもっている。しかしながら、世界の国際線旅客の半数がアジア太平洋エリアに集中する時代を迎え、地域と航空会社の新たな協働モデルの構築や、空港や関連施設の効率的な経営体制への転換、LCC（Low-Cost Carrier）の導入によるインバウンド需要の創出、といった目の前にある数々の課題に積極的に取り組んでいくことが求められている。

さらに、是が非でも航空路線や空港が必要な地域は、地域自身が空港を経営し、自らのリスクで飛行機を飛ばすことも一案だ。航空事業単独では赤字でも、空港も含めて地域全体の経済振興が図られると判断されれば税金の投入に合意が得られるかもしれない。都市における地下鉄や路線バスは、赤字だからといって廃線になるとは限らない。地下鉄や路線バスがあることで人びとの利便性が向上し、地域経済が活性化され、生活の質が確保されるからだ。これまで地域とその外とをつなぐ交通機関（鉄道・バス・

飛行機）の存続に関して、地域はその意志決定に直接的に関与する立場になかった。しかし、地域が主体的に集客交流事業を展開して地域の活性化を図っていくためには、交通機関をはじめとする関係事業者との既存の構造そのものも見直し、域外からのアクセスに関しても自ら積極的に関与できる態勢を整えることを検討してもいいのではないだろうか。

◆団体旅行のランドオペレーターと観光まちづくり組織

　次に、顧客と地域および移動手段など旅の諸要素をつなぐ旅行会社と、地域の関係性をみていこう。第1章で述べたように、地域はこれまで来訪者の多くを旅行会社からの「送客」に依存していた。しかし近年、法人需要や団体需要が減少することで旅行会社からの送客も減少してきており、地域自ら来訪者を呼び込む努力が求められるようになってきている。

　旅行会社は、顧客のニーズにもとづき各地の人や組織と協働して魅力的なツアー商品をつくってきた。地域と協働してツアー商品をつくり、キャンペーンを実施してそのエリアを売り出す一方、Aという地域（デスティネーション）が人気であれば地域Aと協働してツアーをつくり、顧客ニーズが地域Bに変われば、地域Bの人や組織とツアーを造成して顧客に販売する。その際、旅行会社が地域から購入するパーツは、宿の部屋であったり、観光施設の入場券であったり、飲食施設での食事などであった。

　しかしこれからは、教育旅行やSIT（Special Interest Tour：特別の目的を持った旅行）、MICEなどにおいて、新たな事業スキームにおける旅行会社と観光まちづくり組織の協働が期待されている。第3章で紹介した南信州観光公社は、旅行会社との契約により教育旅行を受け入れる地域のランドオペレーター機能を果たす観光まちづくり組織だ。同じく第3章でおぢかアイランドツーリズム協会がアメリカの修学旅行生の受け入れを担っている事例を紹介したが、それはおぢかアイランドツーリズム協会が直接アメリカのピープル・トゥ・ピープルと契約しているのではなく、日本の代

図6・3　訪日教育旅行等の受入の仕組み

表的なランドオペレーターである株式会社JTBグローバルマーケティング＆トラベルがピープル・トゥ・ピープルと契約を結んで日本のプログラムを編成し、そのパーツとなる数日間の現地運営を、おぢかアイランドツーリズム協会に委託する事業スキーム（図6・3）により成立している。

　こうした事業スキームは、近年、国内の教育旅行において見受けられるようになってきたが、SITやMICEにおいても、専門性の高いスタッフを有し、質の高いオペレーション機能をもつ観光まちづくり組織の存在が重要になってきている。現在も各地にコンベンションビューローと名のつく組織は少なくないが、それらが世界を相手に戦える営業力を持ち、催事運営やオプショナルツアー販売などオペレーションに秀でた民間性の高い観光まちづくり組織として機能することで、訪日ランドオペレーターを担う旅行会社との協働の幅が大きく広がるはずだ。

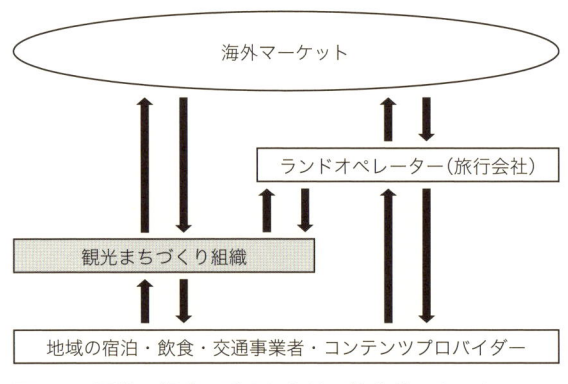

図6・4　団体・個人の受入における複合的スキーム

　海外に目を向けると、オーストラリアのある州政府観光局は、州内に点在する地域 DMC（Destination Management Company）と協働するランドオペレーター機能をもち、同観光局が海外の事業者に向けたワンストップ窓口を担うといった事業スキームを有している。このように教育旅行をはじめとする特殊性の高い訪日団体旅行の市場拡大に向けて、旅行会社と協働する事業スキームを拡大させるためにも観光まちづくり組織の機能強化は必須なのである。

　同時に、図6・4のように、地域の観光まちづくり組織が多言語化を図り、リスク管理も含めてスキルを磨いてダイレクトに海外マーケットとつながるランドオペレーター機能をもつこと。そして、団体旅行だけでなく、個人自由旅行（FIT：Foreign independent travel）のニーズにも対応し、きめ細かなサービスが提供できる観光まちづくり組織となることは、地域のインバウンド振興において、これからますます重要になってくるであろう。

◆**他産業との連携によるイノベーションへの期待**

　本書では、地域づくりと観光が融合する「観光まちづくり」による地域の活性化について具体例を交えながら述べてきた。これからの観光まちづ

■ 農業	＋	➡ グリーンツーリズム
■ 漁業	＋	➡ ブルーツーリズム
■ 工業	＋ ツ	➡ 産業観光
■ 商業まちづくり	＋ ー	➡ 買い物・まち歩き
■ 自然環境	＋ リ	➡ エコツーリズム
■ 興業	＋ ズ	➡ スポーツ・文化観光
■ 精神世界	＋ ム	➡ 祈願・墓参・パワースポット
■ 教育・ビジネス	＋	➡ 兼観光・転勤・下宿

図6・5　ツーリズムと他産業との連携

くりは、宿や飲食店や土産物屋さんといった観光関連事業者だけがかかわる従来の体制から、地域全体で来訪者を受け入れ、地域全体の活性化が図られる開かれた体制へと移行していくことが不可欠であり、図6・5のように、地域にあるさまざまな産業が自らの業容と「ツーリズム」を組みあわせることで、地域のなかに新たな商品やサービスが開発されていくことが期待されている。

　観光が「総合産業」といわれ、国家の成長戦略に位置づけられることを考えると、人口減少にともなう経済規模の縮小を交流人口で賄うというだけでは観光の果たす役割は不十分といえよう。まさに、あらゆる産業がツーリズムとつながることで、新たな価値を生み出し、それらがビジネスとして未知の地平を切り拓くことが期待されているからこそ、観光が成長戦略に位置づけられていることを忘れてはならない。

　来訪者と地域との発展的な展開が期待される関係性を構築していくことはもちろんのこと、観光と他産業との協働のなかに新たなイノベーションの種を見いだし、それらを事業化して海外も含めた水平展開を図っていくなどして経済成長につなげていくことが求められているのである。

　これはあくまで「たとえば」の話であるが。筆者が20年以上にわたってお付き合いのある岩手県遠野市は、『遠野物語』が生まれた地であり、民話のふるさととして全国的に知られている。いま遠野では、中心市街地の整備計画にもとづき美しく落ち着いた街並みが創出されるなどハード整備

がひと段落した。そこで、ソフトの充実とそれらソフトのオペレーションの仕組みづくり（観光まちづくり組織の機能強化）が次なる課題とされている。

ご存じかどうか、JR遠野駅前の信号機の上には、村人を見守るように座敷童子が静かに佇んでいる。たとえばこの座敷童子が、あるとき突然、信号機の柱を降りてきて、まちを歩きだしたらどうだろう。夜の街角を歩いていると、何者かが目の前を横切ったようだ。「なんだろう？」と目を凝らして見ると、建物の蔭からこちらの様子をうかがっている童子の姿があり、その子はケラケラと笑って姿を消してしまった。規則性はないが、運が良ければ座敷童子に出会うことができるまち遠野……、もしくは年に数回、空を飛ぶ烏天狗に出会うことができるまち遠野、といった演出を最新の3次元映像の技術を駆使して、新たなソフトとして導入することはできないだろうか。まちの演出に活用するこうした仕組みや仕掛けが事業化されれば、それらはさまざまな分野での展開が可能になるかもしれない。

また、筆者は数年前、キャンピングカーをレンタルして北海道を旅したことがあった。キャンピングカーにはトイレ、キッチン、シャワー、テレビといった設備が整っていたが、結果的にわが家では車内のトイレもシャワーもキッチンもまったく使用することがなかった。道の駅をはじめとする公衆トイレにお世話になり、道内各地に点在する温泉を楽しみ、オートキャンプ場ではタープを貼って机と椅子を並べ、携帯コンロで調理した。筆者程度のキャンピングカー体験のニーズをもつユーザーは、トイレもシャワーもキッチンも必要ないというのが使ってみての実感だ。快適な寝床とオートキャンプ場での対応設備だけで事足りるのである。

キャンピングカーの王道をゆく人や宿泊施設の方からは厳しいお叱りを受けるかもしれないが、筆者のような顧客ニーズに応え得る、新たな仕様のRV（Recreational Vehicle）車の開発（改造）を検討してほしいと密かに期待している。新千歳をはじめ多くの空港にLCCが就航しはじめているが、安価に旅するチャンスが増えた人たちに簡易版キャンピングカーでの

宿泊移動の旅が受けるかもしれないし、宿泊施設と航空機に加え、新型RVレンタルも自由に組み合わせられるダイナミックパッケージといった旅行形態が生まれるかもしれない。

　さらに、これは筆者自身が大手不動産会社やマンション管理会社に提案し「担当者はあんまり興味ないみたいや」と一蹴された（笑）事例だが、近年、都心には数百世帯が入居している大型マンションも少なくない。そうしたマンションは住民だけで小さな町村を上回る人口を擁し、共通の利害をもった1つのまちを形成していると考えることもできる。こうした大型マンションというまちと、そのマンションから2時間圏内の市町村（または組織）が姉妹都市縁組のような関係を結ぶのである。毎週末、その地域でとれた新鮮な野菜や魚介類がマンションの公共スペースに並べられる。モノによっては事前にインターネット予約も可能とする。さらにマンション住民は、姉妹地域にある滞在型宿泊施設に安価に泊まることを可能とし、貸し農園なども利用でき、各種の田舎（自然）体験も楽しめるようにする。さらに環境を整えリゾートオフィスなども完備すれば、都市と田舎の両方が満喫できる新たなライフスタイルを提供することが可能となる。「マンションを買うと田舎がついてきます」といった特別感のあるマンションとして販売するのである。地域の側からいえば地場産品の販売先となる固定客を確保でき、さまざまな地域づくりの担い手を住民のなかに求めることができるかもしれない。さらに努力次第で関係性が深まれば、ふるさと納税をお願いしたり、地域における新規事業に投資を受けるチャンスも広がるかもしれない。

　ここで伝えたいのは筆者の陳腐なビジネス・アイデアではなく、社会全般に存在するさまざまな課題を観光交流を活用することで解決したり、観光以外の分野で次々と開発されている最新技術やシステムを観光の分野に適応させることで新たなサービスや商品開発につなげる、といったビジネス・イノベーションを促進する「観光の可能性」についてである。

　さらに付記しておきたいことは「LCCの利用客はお金を使わないから客

じゃない」とか「キャンピングカーは宿泊事業者の敵だ」といった論調で新たなビジネスの芽を摘まないでほしいということだ。子ども時代のよい経験が記憶に残れば大人になってリピートする可能性もある。わが家も北海道に行ったらホテルにももちろん泊まる。「日帰り客は意味がない」とか「イベントは一過性なので不要だ」といった議論と同じで、物事を黒か白で一刀両断に裁くのではなく、個々それぞれの現実をどのように受け止め、それをどう将来につなげていくのか、という未来志向の視点が常にほしいのである。

　近年、急速に普及している新型の携帯端末を活かした観光客向けの情報サービスに代表されるように、観光を起爆剤に新たな価値を生み出す商品やサービスの開発こそが期待されているのである。

第 3 節

顧客志向の推進体制への転換を

◆ 海外における観光マーケティング組織

　ここで視点を変えて海外に目を向けてみよう。海外では、地域の観光振興を推進するためにどのような組織がどのような活動に取り組んでいるのだろうか。

　海外には、地域をベースとした観光振興の機関として DMC（Destination Management Company）や DMO（Destination Marketing Organization）と呼ばれる組織がある。

　DMC は地域を基盤とし、地域のさまざまな資源に熟知した人材が専門的なノウハウをもとに観光サービスを提供する機関であり、宿や交通・飲食等の手配といったランドオペレーター機能のほか MICE の誘客など、来訪者に対する地域での旅行サービスの機能をもつ。一方の DMO は、主にマーケティングとセールスの専門性をもつスタッフを配し、地域のブランドづくりやイメージづくりなど戦略的なマーケティング活動を担い、観光による地域経済の活性化を果たすために活動している。こうした DMC や DMO を総称して DMO（Destination Management Organization）と表記することも多い。

観光マーケティングを担う DMO の例として「Hawaii Tourism Authority」（ハワイ州観光局、以下 HTA）の取り組みについて、HTA 役員でマーケティング委員長（執筆当時）の木村恭子さんのレポートから抜粋して紹介したい。

....

「常夏の楽園として人びとを魅了するハワイにおいても、近年は、競合するリゾートとの差別化やデスティネーションとしての競争力を高めることが必要となってきた。そこで1998年、ハワイ全体のマーケティング機能を担う HTA が設立された。HTA は「数ではなく質の重視」という方針をたて、ホテル開発は最小限に抑え、到着旅客数を増やすのではなく旅行者一人あたりの消費金額を上げるという方向性を打ちだした。HTA では、アグリ、エヂュケーション、カルチャー、ネイチャー、ハイテク、ヘルス＆ウエルネスという6つのニッチ・マーケットをターゲットに設定し、データ分析をもとにマーケティング戦略を立案している。たとえば、ヘルス＆ウエルネス・ツーリズムの分野では HTA が出資して開設したハワイヘルスガイドというホームページにアクセスした人のプロファイルを調査したところ、4年生大学卒31％、修士号取得者25％、博士号取得者9.8％と高学歴層のヘルス＆ウエルネス志向が強いことが分かった。アクティブなライフスタイルをもつ人の84％以上が大卒以上の学歴を有し、年収10万ドル以上で、その95％が年1回以上、旅行をするというデータから、持久力系のスポーツをハワイブランドの中心として打ち出す方針を定めた。また、旅行中にスパを利用する人の平均年収が12万ドルというデータから、これら高所得層の消費を促す仕掛けづくりを重視した。ハワイのホテルでは、2000年頃からスパの設置が相次ぎ、多くのホテルでマッサージやボディケアのセラピーが一般化していった。ところがアジアの高級リゾートではハワイの半額で同様のサービスが提供されており、それらと競争していくため、HTA ではハワイの文化や伝統に根ざした

独自のセラピー「ロミロミ」の認知と価値を高めていくことに取り組んでいる。」(原田宗彦・木村和彦編著『スポーツ・ヘルスツーリズム』大修館書店、2009、p.135〜138)

....

この短いレポートを読むだけでも、マーケティングデータにもとづきハワイがいかに戦略的に観光振興に取り組んでいるかがよく分かる。観光立国を標榜するわが国にとって、HTAのような海外の取り組みから学ぶべき事柄は極めて多い。

◆広域の観光マーケティング組織が不在の日本

このHTAの取り組み、および第2章2節で述べた地域の観光マーケティングの内容から、わが国においても地域主導型の観光振興を推進するにあたって、マーケティング機能の強化は必要不可欠であり、それが極めて重要なファクターであることをご理解いただけたのではないかと思う。

そこで改めて国内に目を向けると、マーケティングにもとづく戦略的な取り組みを実施している専門性の高い機関は、果たしてどこに存在しているのだろうか。

国レベルでみると、各国に政府観光局 (National Tourism Organization) があるように、日本の広報宣伝を担うプロモーション専門機関として日本政府観光局 (JNTO) が存在している。しかし、JNTOの役割と特定エリアの観光マーケティング機関とは担うべき役割が微妙に異なる。では、わが国の地域の観光振興を支えるマーケティングやプロモーションを担う機関は、どこにあり、どのような活動を行っているのだろう。

地域におけるそうした役割を担っている機関は、都道府県の行政機構のなかにみつけることができる。入込客数や宿泊客数・消費金額などの観光データを収集し、行政資金を投下して都道府県内の各地域のプロモーション活動を担っている。

ここで、第5章2節において述べた市町村が抱える課題について思いだしてほしい。行政機構が抱える構造的な課題は都道府県においても似たような状況にある。つまり観光部局に専門家が常駐して指揮をとるという仕組みにはなっていない。ただし市町村と違うのは都道府県のもつその予算額だ。よって観光部局内に専門家がいなくても、内部に不足している知見やノウハウを補うべく、広告代理店や情報サービス会社といった外部機関にプロモーション活動を委託したり、旅行会社にツアー造成を委託するといった方法がこれまで幅広く行われてきた。

　ところが来訪者の大多数が個人旅行客で占められる時代を迎え、大手旅行会社をはじめどのような受託企業も集客人数の確約が難しい状況になってきている。にもかかわらず、こうした傾向はいまも各地で見受けられる。そこには、新たな観光マーケットに対応できるノウハウや専門性をもった委託先が見あたらないという民間サイドの課題もみえてくる。プロモーションを得意とする民間企業も、空中戦は得意だが、地道な地上戦はまだまだ苦手のようだ。

　筆者の知る限り、HTAの活動に類似する詳細なデータ分析による地域のマーケティング戦略を担う機関やノウハウをもった組織は残念ながらわが国には見あたらない。観光マーケットは明らかに変化している。にもかかわらず、新たなマーケットへの対処法が追いついていない（図6・6）。

　都道府県も含めて地域はその現実への認識を深め、早急に思考回路の切

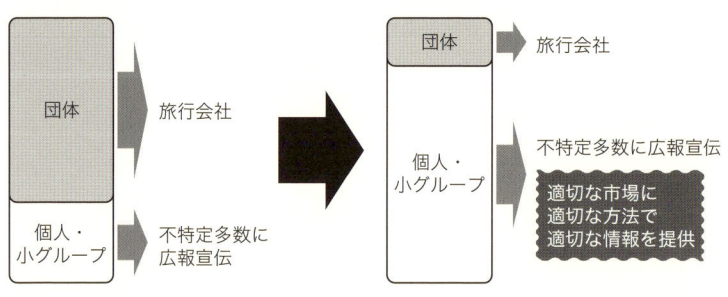

図6・6　マーケットが変化したら対応策も変化させる

り替えを図らなくてはならない。旅行会社に委託するツアー造成やイベント型キャンペーンを否定はしないが、きめ細かなマーケット分析やリピーターを増やすための CRM（Customer Relationship Management）の仕組みづくり、ニッチ・マーケットへの対応、地域の人や組織との合意形成や協働システムの構築といった観光マネジメントの手法など、海外の DMO の事例にも学びつつ、客観的データにもとづく戦略的な計画を立案して新たなマーケットでの成果を生み出していかなくてはならない。

◆広域の観光推進体制の再編成を

◇現存の広域観光組織はマーケット志向の活動を担えない

わが国における観光振興の推進主体を俯瞰すると、全国47の都道府県に観光行政と観光協会（連盟やコンベンションビューロー）があり、さらに全国2,000余りの市町村にも観光行政と観光協会（同上）が存在している。しかし観光振興に携わる主体はこれだけではない。

北海道には北海道観光振興機構、九州には九州観光推進機構、四国には四国ツーリズム創造機構といった、かなり広いエリアをカバーする機関がある。さらに都道府県レベルにおける取り組みをつぶさに見ていくと、業界団体の組織する○○連合や、テーマ性をもった○○協会、国の観光圏整備事業に沿った○○協議会などなど、覚えきれないほどたくさんの組織や団体が存在している。果たしてこれらの主体は、お互いにそれぞれの存在を認識し、個々の特徴を活かしながら協働関係を築き、全体として効率的に成果の挙がる体制が整っているのだろうか。

先般、観光地域づくりプラットフォーム推進機構が主催する研究会において「都道府県のデスティネーション・マネジメント」をテーマに、ある県の取り組みを聞いた。同県には県境をまたぐものも含めて11もの協議会や懇談会が存在しているという。また、県の予算にかかわる既存事業を精査したところ、県と観光連盟に重複する事業が少なからず存在していた。

そこで、事業仕分けではないが、県と観光連盟との役割分担を明確にし、観光連盟には民間人材を登用することで民間性を高め、両者が効果的に協働できる枠組みを整理し直したそうだ。その結果、県の観光予算は4分の3に減少したが、事業効率は良くなったという。

都道府県単位における観光行政部局と観光協会との関係性については、47都道府県それぞれがどのように認識しているかは把握していないが、都道府県や政令指定都市のトップおよび行政改革審議会などにおいて、「業務分担を明確にして効率的な体制を整える必要性」を指摘する声は少なからず聞こえてくる。

これまで市町村レベルという比較的狭いエリアにおける観光マネジメントについてふれたが、広域エリアにおいても、都道府県やそれに準ずる観光協会、およびその周辺に存在する複数の観光関連主体も含めた広域の観光マネジメント機能を整備して強化することが必要だ。

これら観光振興に取り組む主体のなかで、ほぼどの地域にも存在している選挙で選ばれた首長や議会により裏付けられた正統性（Legitimacy）をもつ主体、つまり都道府県と市町村の観光行政部局およびそれぞれの観光

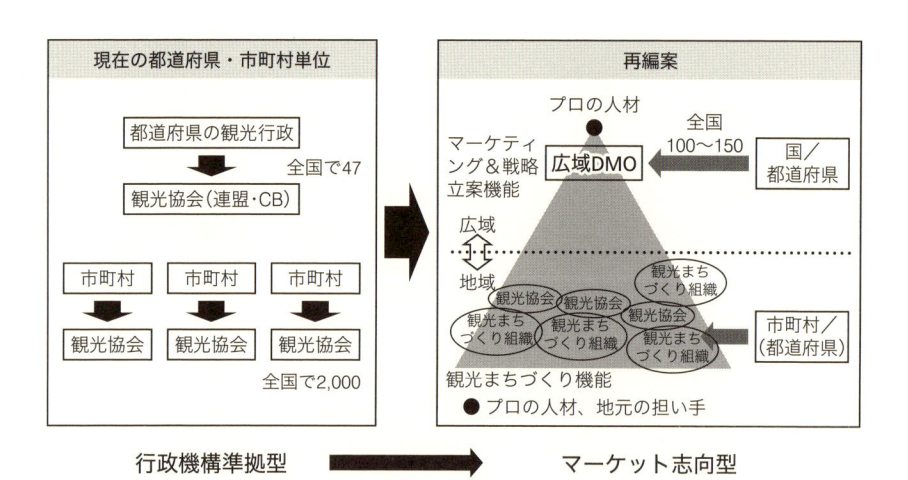

図6・7 観光協会から地域DMCと広域DMOへ、観光振興体制の再編成

協会のポジショニングを整理すると図6・7左図のようになる。本書をここまでお読み下さった読者の方はすでにお気づきのとおり、これらは行政機構に準拠して組織化され、それぞれの主体がカバーする範囲は当該行政区内となる。さらにほとんどが行政資金を財源としており、第5章1節で述べたとおり地域内部の複雑なパワーに影響を受けることから、必ずしもマーケット志向の活動が担える状況にはなっていない。

　本書の最後にあたって、筆者は、これら行政機構準拠型の観光振興の推進体制をマーケット志向型に再編成することを提案したい。

◇ **広域マーケティング機能をもつDMOを軸とする体制へ**
　ここまで本書では、近年、新たに台頭してきた観光まちづくりの推進母体（観光まちづくり組織）の動きを紹介しながら、観光まちづくりの推進における現状と課題について議論を進めてきた。さらに、観光まちづくりの推進において極めて重要な要素である「観光地マーケティング」と「観光マネジメント」という2つのキーワードに焦点をあて、それらの機能強化こそが行き詰まりを打破する突破口になることを指摘した。そして本書の最終章にあたり、解決すべき課題が山積するなかでも、とりわけ優先順位とともに重要度が高い「観光地マーケティング機能の強化」というテーマに関して、観光地域振興における構造改革ともいえる新たなビジョンを提示してみたい。

　そのビジョンとは、顧客目線により設定される広域観光エリアをカバーする専門性の高い観光地マーケティング機関（組織）を各地に配置していくことであり、行政機構に準拠する既存の観光振興の推進体制をマーケットにあわせた体制に再編成するというアイデアである。

　観光客が1つの観光エリアとして認識し、1回の旅行で周遊する確率の高いエリアを行政の区割りに関係なく広域エリアとして設定する。おそらく全国で約100〜150程度、各都道府県で平均すると3エリア程度になるだろうか。もちろん県境をまたがるエリアもある。そして、それぞれのエ

リアごとにマーケティング機能をもった「広域DMO」を、国または都道府県や市町村の支援により設立する。そこにはマーケティングとそれにもとづく戦略立案に秀でたプロフェッショナル人材を配置し、広域のプラットフォームとして広域観光マネジメント機能を付与する。

わが国には、欧米のような宿泊税を観光振興に活用できる仕組みがないため[注3]、市町村または都道府県の観光関連予算の一部をこの広域DMOに振り分け、域内の市町村や観光協会とも協働しやすいよう広域観光マネジメントが担える権限も与える。一方、広域DMOがカバーしないエリアの取り組みは、公平性の観点から都道府県が直接、担うことにする。

この広域DMOは、詳細なマーケティング調査を実施し、それらデータにもとづいてエリア全体の広域観光戦略を立案する。その立案にあたっては、合意形成の重要なプロセスと位置づけ、エリア内の主要なステイクホルダー参加のもとに実施する。広域観光戦略では、ターゲット別の集客戦略を立案するとともに、来訪者ニーズにもとづき観光による新たな価値の創出による域内の産業振興戦略も組み込む。

また、広域DMOは、広域エリア全体のワンストップ窓口機能を担い、エリア内情報を一元管理して域外に強力に発信し、エリア内の商品（サービス）の販売も担う。特に教育旅行やMICEなど団体旅行を扱うランドオペレーター機能を設け、フィルム（スポーツ）コミッションなどの機能も統合させることで集客交流事業の地域の代表性をもった組織として位置づける。広域DMOが担うと想定される代表的な事業内容は以下のようなものがある。

【例】 広域DMOの事業内容

（1）観光マーケティング調査
（2）マーケティング調査にもとづく合意形成と広域観光戦略の立案
（3）マーケティングにもとづくブランディングとプロモーション

（4）広域観光戦略に沿った事業（プロジェクト）マネジメント
（5）教育旅行やMICEを受け入れるランドオペレーター（旅行業）事業
（6）フィルム・コミッションやスポーツ・コミッションなどのワンストップ窓口
（7）広域エリア内の事業者および地域コンテンツの安全管理と品質管理

　現在の「行政機構に準拠」した体制から、「マーケット志向」の取り組みが可能な新たな推進体制に移行させることで、顧客にとっての利便性が高まり地域としても効率的な活動が可能となるはずだ。

◇既存広域観光組織の事業内容を整理し広域DMOへ
　図6・7に示した広域DMOがカバーするエリアを対象領域として活動している組織は、実際にわが国においても各地に存在している。第3章で紹介した南信州観光公社もその1つである。
　長崎県の島原半島の3市をカバーする㈳島原半島観光連盟、島根県の隠岐諸島の3町1村をカバーする隠岐観光協会、高知県四万十・足摺エリアの3市2町1村をカバーする幡多広域観光協議会のほか、観光庁の観光圏整備事業により「観光地域づくりプラットフォーム」として法人化された組織も各地に生まれてきている。いずれも、当該エリア内の複数の市町村およびそれぞれの観光協会と連携しながら広域エリアの観光振興に取り組んでいる。
　島原半島観光連盟は、雲仙普賢岳の噴火による被災地に寄せられた義援金の受け皿となるべく、1996年、島原半島の1市16町（当時）と長崎県、そして金融機関をはじめとするオール島原の体制が整えられた。2009年、一般社団法人化され、島原半島内の市町村や各観光協会からの会費（名目は負担金）、および長崎県からの交付金と補助金で活動している。
　隠岐観光協会は、1960年、当時の7町村で組織された古い歴史をもつ。1963年に大山隠岐国立公園に指定されることを見込んでの設立だった。

同組織は、いったん2007年に解散し、2010年に4町村と観光協会そして隠岐汽船と一畑トラベルなどが中心となって再編成された経緯をもつ。活動資金は市町村から負担金を受けながら、主たる事業は島根県からの補助金で運営されている。

　また高知県の西端に位置する四万十・足摺エリアには、四万十市・土佐清水市・宿毛市・大月町・黒潮町・三原村という6市町村と高知県により構成される一般社団法人幡多広域観光協議会がある。この団体は、2010年に設立された新しい広域観光組織で、関係自治体の観光課長や観光協会の役員らが理事会を構成し、首長が総会の議決権をもつ。

　こうしてみていくと、設立の経緯やステークホルダーの構成がさまざまであり、全国で統一された事業内容や方向性があるとは必ずしも言い難い。これら広域観光組織には、ぜひともマーケティング機能を強化し、それら各種調査にもとづく観光戦略の立案とともに、戦略にもとづいた各種事業（プロジェクト）のマネジメント機能を発揮することを期待したい。

◆広域DMOの事業の進め方

　筆者がイメージする広域DMOの事業の進め方は以下のような流れである。

◇フェーズ1─広域DMOの設置

　来訪者目線にもとづく広域観光振興の最適エリアを定めて広域DMOを設置する。ただし、広域という言葉を使っているものの、エリアによっては単体の自治体でも有効に機能するケースがあるかもしれない。近年の市町村合併により、自治体そのものが極めて広域になっているところもあるからだ。地域ごとに実情にあわせてカバーするエリアを設定することが望ましい。

　また、この広域DMO自身のミッションを明確に定め、その活動の成果

についても評価基準を設けておくことが大切である。ちなみに前述のHTAは、「旅行客の満足度」「旅行客の消費総額」「旅行客による税収入」「地元住民のツーリズムに対する感情」という４つの項目で毎年、評価されている。

◇フェーズ２─マーケティング調査の実施

　マーケティング調査の実施にあたって、まず行わなくてはならないのは「調査設計」である。調査目的によって調査手法も変わってくる。自分たちが知る必要があることは何なのか、それらのデータを確実に集めるためにはどういった手法が最適なのか。調査項目の洗い出しや、集めるサンプルの数や設問表の設計、インタビュー手法、内容によってはデータ会社の選定なども含めて調査設計を行うのである。

　いずれにしても初期の段階では広域DMOを中心にエリア内の行政の観光部局と観光協会や民間事業者が主体となって実施することをお勧めしたい。調査は、主体的な意図をもった取り組みであることが必要条件であり、エリア内の多くの人や組織が参画するプロジェクトとして位置づけた方が、関係者の主体者意識が高まり、その後の合意形成も進めやすくなるからだ。もちろん外部のコンサルタントから助言を受けるのは歓迎すべきことだが丸投げでは意味がない。要は、調査設計の段階から実施に至るまで、地元の人や組織の協力を得て地域内で実施する「地域主導型」で行うべきである。そうしないと、いつまでたっても知見やノウハウが地域に蓄積されず、常にお金を払って外部に依存し続けることになる。数百万円ものおカネをかけて分厚い報告書を受け取り、それが有効に活用されていないケースは少なくないが、それは調査の意図や活用方法が地域内部で明確になっていないことに起因しているのである。

　基礎的データが集まったら、それをもとに地域の主要メンバー参加型で議論することをお勧めしたい。数字を数字として眺めるのではなく、それらの数字から何を読み取るべきかを議論する。そしてどの因子とどの因子

のクロス集計を行うべきか、どのカテゴリーの顧客について、より詳しく分析すべきかなどを議論し、さらに進んだ評価分析を進めていく。こうしたプロセスを関係者が共有することで、広域エリアに入り込んできている顧客の姿を理解・共有していくことになるのである。

◇フェーズ3―参加型により観光戦略を立案する

　現在の来訪者の姿が見えてきたら、未来に向けた取り組みについて議論を進めていくことになるのだが、広域エリアの観光戦略についての議論をはじめる前に、地域の基礎的なデータも用意しておきたい。年間の入込客数・宿泊客数・宿泊キャパシティ（受入可能客数）、道の駅をはじめとする観光施設の利用客数、そして、それらの季節変動や経年変化なども一覧できるようにしておく。

　まずは手元データにより地域の現状と課題を共有する。何が課題なのか、どうすることが必要なのかをみんなで考え議論しながら共有していく。さらにマーケティング調査から生まれてきた、さまざまな数字を共有することで、広域エリアに入り込んできている来訪者の姿を理解・共有していく。そして、人数を増やしたいのか、もしくは人数を増やすのではなく消費単価を上げたいのか。増やしたいのはどのようなカテゴリーの顧客なのか。新たな顧客として見込めるのはどういった特徴をもった顧客なのか。どのカテゴリーの来訪者への対応を地域全体として優先すべきなのか、といった議論を進めていく。

　第2章3節の達成したい成果を思いだしてほしい。基本は以下のとおりである。

　(1)新規来訪者を増やす（新規顧客の獲得）
　(2)来訪経験のある人に再訪してもらえるよう促す（リピーターの育成）
　(3)来訪者の滞在時間を延ばす（滞在時間の増加による消費金額の拡大）
　(4)来訪者の滞在時間あたりの消費単価を増やす（消費行動への動機づけ）
　　地域の知恵を結集して広域エリアにおいて取り組むべき重点項目を整理

していってほしい。それが広域エリアの観光戦略になっていくのである。その際、時間軸も考慮することが重要で、緊急性を要するものと重要度が極めて高いものを区別し、短期的な課題と中長期的な課題とに整理していくのである。

◇フェーズ４─戦略を実行する複数の事業を立案する

広域エリア全体として、どのような戦略をとることで地域の活性化を図っていきたいのかということが明確になってきたら、次は、そのためにはどのような取り組みが効果的なのか、成果を生み出すための方策を具体的に考えていくことになる（第２章３節を参照）。この段階においても調査データを有効に活用したい。

たとえば、優良顧客層を増やしていくことを優先すると決めたとしよう。この層に属する人たちの「どういうきっかけで来訪したのか？」という調査結果が「知人の紹介」が多かったとしたなら、来訪者（知人）からの紹介を一層促進するための仕掛けが何かできないかを考えることが有効だと

表6・1　戦略を実行する複数の事業の比較検討シート

〈例〉

事業 （プロジェクト）	重要度	緊急度	要する費用	達成難易度	成果が与える影響
A					
B					
C					
⋮					
⋮					
⋮					
V					
W					
X					

判断することができる。

　このように、地域全体で生み出したい成果が明らかになれば、それを達成するための方策を事業に落とし込んでいくのが次の段階である。達成したい成果は1つではなく複数あるだろうから、個々のテーマごとに知恵を持ち寄り、時には外部の専門家の意見も聞きながら、どのような事業（プロジェクト）を実施したらよいのかを検討していく。つまり、広域エリア全体で生み出したい成果を達成するために取り組むべき事業の立案を行い、それらを一覧できるように整理するのである。

◇**フェーズ5―実行する事業を選んで推進体制を整える**
　成果を生み出すために推進すべき事業（プロジェクト）が出揃ったら、個々の事業をさらに具体的なレベルまで落とし込み、「いつまでに誰が何をどうする」といった5W1Hを明らかにしていく。このときに問題になるのが、それに要する予算とその事業の推進体制である。
　いくら優れた事業のアイデアがあったとしても、「予算が確保できない」「やる人がいない」「体制が組めない」というのでは事業の実施は覚束ない。立案された事業一覧から、重要度や優先順位を見極め、取り組むべき事業を選びだしていくことになるのだが、いずれの事業においても、その推進体制を整えることができるか否かが重要課題となる。
　ここで改めて地域の現状について振り返ってみたい。第5章2節で述べたように市町村レベルにおける観光行政および観光協会の現場は日常的な作業に追われ、なかなか新たな事業に取り組む余裕がないというところが多いようだ。しかし果たして、これからもそのままでよいのだろうか。
　「組織は戦略に従う」とは、経営学者アルフレッド・D・チャンドラーJr.の有名な言葉であるが、広域エリア内に存在する官民すべての資源を総動員し、時には地域外の資源も活用して、たとえその事業限りでもかまわないので事業推進が可能な体制を組み立てることが不可欠である。同時に、個々の事業の推進体制においては、当該プロジェクトの責任者となる人物

をプロジェクト・マネージャーとして権限を与えるなど、参画者（関係者）の責任の範囲や権限、および最終的に求められる成果やそれを評価するモノサシも用意しておくことが必要だ。

　第5章3節で紹介した「機能分析表」なども有効に活用しながら、これまでの慣習や常識にとらわれない新鮮な視点をもって関係者で協議してほしい。まさにここが知恵のだしどころでもある。

◇フェーズ6──PDCAサイクルを機能させる

　広域エリア全体の観光戦略にもとづき、複数の事業（プロジェクト）が生み出され、そのための予算とプロジェクト・マネージャーをはじめとする人や組織を組み合わせた推進体制が定まったらGOサインとなる。そしてそれら個々の事業を定期的に評価し、上手くいっていない場合は軌道修正するなど見直しを図るといったPDCAサイクルを回す仕組みを組み込むことで、マーケティング調査にもとづく観光戦略の立案と、その戦略に沿った個別事業を動かすことができるようになるのである。

　こうした一連の流れを簡略に記したのが図6・8である。

```
観光マーケティング調査                    参加型
          ↓
調査結果の共有と評価＆分析                合意形成
・調査結果の評価分析会議
          ↓
調査結果報告＆観光戦略立案会議            合意形成
          ↓
事業（プロジェクト）の立案と推進体制の決定
事業（プロジェクト）ごとにPDCAサイクルが回る仕組みを構築
```

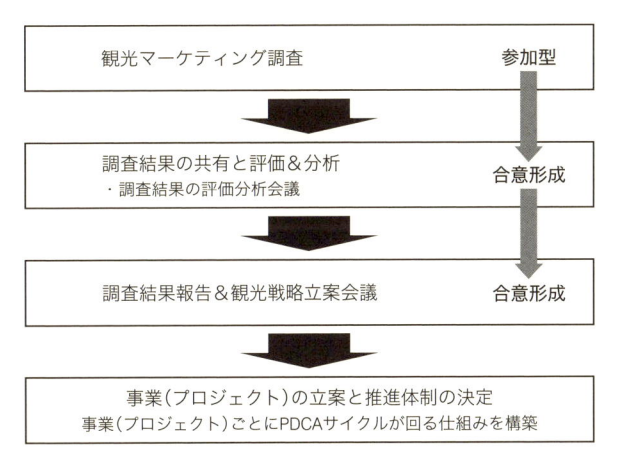

図6・8　観光戦略の立案からプロジェクトの推進へ

◇広域系組織と地域系組織の役割分担

　第3章ではどちらかというと暮らしの文化が似通っている比較的狭いエリアで活動する観光まちづくり組織を紹介し、第4章では自治体レベルの観光マネジメントについて現状分析を行った。しかしながら「観光マーケティング機能の強化」という意図に沿って、効率的で成果のあがる体制を考えた場合、来訪者が1つの観光エリアとして認識する広域エリアをひとまとめとして実施するのが最適であるのは理屈として理解できるはずだ。狭いエリアに隣接する複数の市町村が個々ばらばらにマーケティング調査を実施するのは時として非効率な取り組みとなる。

　地域における観光関連組織を、仮に「広域系組織」と「地域系組織」という分け方をした場合（図6・9）、広域系組織は、地域の人や組織との関係性やつながりが薄くなる反面、来訪者目線でのプロモーション活動や観光集客の取り組みが求められるようになる。一方、活動エリアが比較的狭い地域系組織ほど、近しい人間関係のなかでのまちづくりを担うことが容易になり、地域に根ざした観光まちづくり機能が発揮されやすいという傾向が強くなる。

　この「広域系組織」と「地域系組織」を俯瞰すると、すでに示した図6・7のような感じになるが、求められる機能が異なることから、広域系組織の人材にはマーケティングや戦略立案の知識やスキルが必要となり、市町村の観光協会や観光まちづくり組織などの地域系組織の人材には、地域づくりに必要とされる知識やスキルが求められることになる。

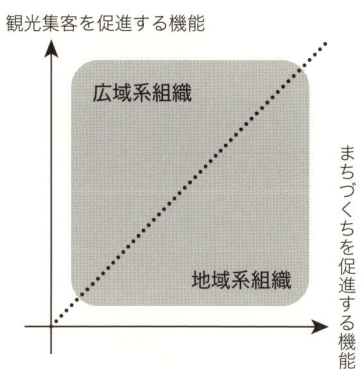

図6・9　広域系組織と地域系組織の役割分担

◆**観光協会の改編**

　さらに地域系組織のイメージについて少し付記しておくと、従来の観光協会は、財源を行政に依存する限り、いくら民間の形態をとっていたとしても実質的には図6・10左のように観光部局のもとにある行政機構の一部として位置づけられることになる。それが、多少なりとも自主財源を獲得して自律性を少し強化した民間団体となった場合、図6・10右のような位置づけになってくる。

　ここ数年、市町村合併により旧市町村にあった観光協会と、広くなった新たな市域をカバーする新しい観光協会との関係性や個々の位置づけについて喧々諤々の議論が展開されているが、筆者の知る限り、旧市町村の観光協会のなかには補助金が減ることを見越したうえで自立をめざす団体が少なからず存在している。税収が減る一方の市町村の財布を覗けば、いずれ補助金には期待できなくなることが予測され、それら団体では、すでに図6・10の右図の事業スキームに向かって動きだしている。

　また広域組織との役割分担を考えれば、各市町村にある観光協会は、観光パンフレットの発行などのプロモーション機能は広域DMOに移管し、着地型商品の開発や人材育成、来訪者へのきめ細かなサービス、ならびに

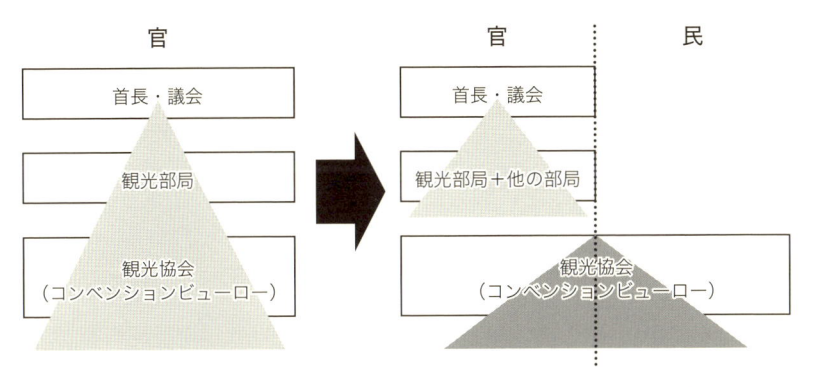

図6・10　観光協会と行政の関係

まちづくりや新たな事業開発の支援を行う機能を担うようにしてはどうだろう。

地域内の商工会議所や隣接する観光協会とも協働し、場合によっては合併による効率的な組織体制も検討しつつ「交流人口の拡大による地域づくり（まちの観光的要素の質的向上）」に活動の軸足を移す。来訪者に対しては、個人や小グループなどの非団体向けサービスを充実させ、従来の観光案内所の機能を進化させる。その場で宿泊施設や体験プログラムなどの着地型商品の予約販売も可能とし、相談窓口としての機能を強化することで顧客満足を高め、リピーターを増やし、域内での消費金額をあげていくことを重要な役割とする。

なお第3章で紹介した「生水の郷委員会」「ハットウ・オンパク」「南信州観光公社」「おぢかアイランドツーリズム協会」「四万十ドラマ」は、設立の際のシードマネーや、国の補助事業、県や市町村からの委託事業は別として、補助金依存から脱却しており、図6・11のように行政と対等なパートナーシップが組める組織となっている。

すべての観光協会が図6・11のように民営化されることがよいとは思わないが、マーケット志向型の推進体制（図6・7右図）を構築するには、地域に密着した比較的狭いエリアにおいて、観光協会や観光まちづくり組織など観光的要素の質的向上を図る取り組みを担う組織が、広域DMOとの機能分担を図りながら、全体として成果のあがる体制が整っていくことを期待したい。

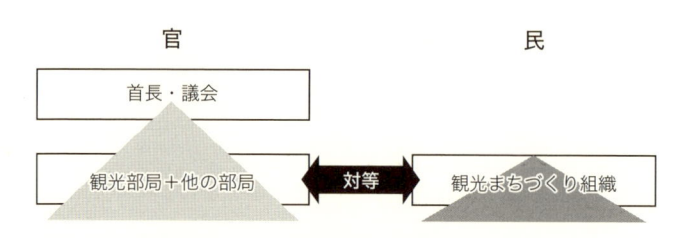

図6・11　観光まちづくり組織と行政の関係

◆これから10年の観光振興を見据えて

　本書は、観光による地域活性化をめざし、着地型観光の名のもと全国でさまざまな取り組みが行われているが、それらがいまひとつ成果があがらず行き詰まりを見せているという現状認識からスタートしている。そして、その行き詰まりの要因のひとつを「推進体制」に見いだし、従来の観光行政・観光協会・観光関連事業者という三者が協働する体制から、幅広い人や組織が参画する新たな体制づくりが必要であることを論じた。そして、近年、従来とは異なる体制、特に事業組織をつくって成果をあげている複数の事例を紹介しながら、それらが果たしている機能とその特徴について整理を行った。こうした事例から学べることは、いずれも民間企業で用いられるマーケティングの概念が導入されており、ターゲットを明確に絞り込み、顧客ニーズに沿った商品（サービス）や事業が組み立てられ、地域の内側に向けては、組織そのものおよび地域の人や組織を動かす際のマネジメントが充分に機能する体制が整えられていることであった。

　観光地域振興の推進母体となるこれらの新たな組織の台頭、その一方で現行の観光行政や観光協会が抱える課題を整理した上で、マーケティングとマネジメントという極めて重要な2つのキーワードに焦点をあてて、現行の観光地域振興の推進体制が抱える問題点について論じてきた。市町村レベルにおける推進体制については、本書で紹介した事例をヒントに各地で創意工夫を凝らして再編成していってもらえることを期待したい。

　そして、最終章においては、筆者なりに考える観光地域振興の推進モデルを提示することを試みた。広域観光組織を観光地域振興の中核に据え、客観的な調査データにもとづいた観光戦略を立案して域内で共有し、官民が一体となって事業が推進しやすいマーケット志向の体制に転換を図ることが、その意図するところである。

　この観光地域振興の推進モデルを、これからの10年の観光地域振興の新たな方向性を議論する出発点とすることができたら幸いである。

〈注〉

■第2章
1) 近いうちに観光地マーケティングのマニュアル的な書物を制作して配布を予定している。

■第3章
1) 「報酬」を得て旅行業務を「事業」として実施する場合は旅行業の登録が必要となる。第3種旅行業は事業所のある市町村および隣接市町村の限定された区域における募集型企画旅行を実施でき、第2種旅行業は全国で募集型企画旅行を実施できる。さらに2012年の旅行業法施行規則の改正により、営業保証金および基準資産額が100万円で事前収受金の制限が撤廃された「地域限定旅行業」創設が公布され、2013年4月1日から施行される。
2) 『平成20年度持続可能な観光まちづくり事業体の創出支援調査事業報告書』(観光庁・2009年)
3) 通常、古民家への宿泊は体験型民泊には該当しないと言われており、民宿として営業しようとするとかなりの改修が必要になる。庵が展開している町家ステイは不動産業(短期賃貸借契約)で滞在期間だけ借りるという考え方だ。この点について高砂さんは「県とはかなり話し合いを持った」と話す。簡易宿泊業の免許も取得、建築基準法、消防法なども粘り強く交渉した。改修の事業主体は町で、その財源は国の補助金を含めて約2億円の事業となった。再生後の古民家は、おぢかアイランドツーリズム協会が指定管理を受け、経営はおぢかまちづくり観光公社が行うという仕組みとしている。
　有料の民泊には大きく分けると「簡易宿所」と「旅館業の免許を持つ民宿」の2種類がある。体験型宿泊においては旅館業の免許は不要という規制緩和を行っている都道府県もあり、地域によって事情は異なる。食事を出すのに保健所の許可が、宿泊させるためには消防署の認可が必要だ。さらに普通の民家を民宿に改装するには、少なくとも数百万円の設備投資が必要といわれている。厨房のほか、部屋の大きさ、トイレ、水回りなども厳しく規定されている。最近、簡易宿所の許可を取って民泊を行うところも増えているが、持続的な事業としての発展を考えた場合、大人の女性客が泊まって耐えうるだけの施設であることが1つのハードル(ボーダーライン?)と考えられる。
4) 2000年に施行された特定非営利活動促進法により、一般市民をはじめとする民間において公益活動を行おうとする団体が、都道府県(活動領域が県をまたがる場合は総務省)の認証を受けることで、特定非営利活動法人(通称:NPO法人)という法人格を取得することが可能となった。2012年9月現在、全国で4万8,158のNPO法人があるが、そのなかにはサービスの対価を財源として事業を継続させる事業型のNPO法人も少なくない。通常のNPO法人の所得には普通法人と同様の課税がなされるが、認定NPO法人となることで寄付者の所得控除など税の優遇を受けることができる。さらに2011年には事業型NPO法人も認定NPO法人に認定されやすいよう、そのハードルを下げる制度改正が行われた。筆者が理事長を務めるNPO法人がモデルとした米国ELDERHOSTEL INC.(本部・BOS-

TON 市）は、米政府から 501C-3 という税制優遇を受けた NPO 法人であるが、ボストンの駅前に 6 階建ての自社ビルを所有し、数億円にのぼる寄付も受けるが、それを上回る事業収入を得て組織を運営している。

■第 4 章
1) 観光まちづくりのためのプラットフォーム型事業組織（観光まちづくり組織）については「観光地域づくりプラットフォーム」という呼称もある。この「観光地域づくりプラットフォーム」は、国土交通省「成長戦略会議」（2009 年 10 月～2010 年 6 月）において、観光まちづくり（地域主導型観光）の推進における中核となる事業主体を総称する呼称として筆者のつくった造語であることから、本書を借りて説明を加えておきたい。

こうした観光まちづくりを推進する事業主体の概念については、経済産業省「体験交流サービスビジネス化研究会」（2007 年）、観光庁「持続可能な観光まちづくり事業体の創出支援調査」（2009 年）における議論がベースになっており、観光庁の委員会では「観光まちづくり事業体」という呼称を用いていた。これら事業主体がカバーするエリアは、観光客にとって 1 つの観光地と認識され、同じ生活習慣（文化圏）をもち、顔の見える人と人のつながりが築ける比較的、狭い範囲を想定していた。一方、国交省「成長戦略会議」における観光圏整備事業についての議論の際、複数の市町村で構成される法定協議会へ補助する仕組みから、独立した組織への支援に切り替えることを改正ポイントとしたことから、同事業の支援先となる主体も「観光地域づくりプラットフォーム」という呼称を用いることとなった。

本書で紹介した観光まちづくり組織は、2009 年の観光庁委員会で議論された観光まちづくり事業体と同じ概念のものである。一方、2012 年 12 月の「観光圏の整備による観光旅客の来訪及び滞在の促進に関する基本方針」（国土交通大臣告示）の改正において「観光地域づくりプラットフォーム」という言葉が明記され、観光庁内ではその概念整理が進められているようだ。また、これらプラットフォーム型事業組織の形成や人材育成を支援する機関として、2011 年に「観光地域づくりプラットフォーム推進機構」が設立され、同機構内でも、それら概念の整理に取り組んでいる段階といえる。

「実態」とともに「ビジョン」という視点も不可欠であることから、現時点における筆者の見解は次のとおりである。「プラットフォーム」という言葉が示すとおり、①多様な主体が参画する場であり、②地域のある種の代表性を有しており、③域内資源を活用した商品やサービスと域内外のマーケットとをつなぐ窓口機能を果たし、④法人格を有すること、を要件とする。よって参画者の多様性が薄い民間の事業者はコンテンツ・プロバイダーとして、これらと区分する。プラットフォームは活動領域によって広域系と地域系とに区分することができ、顧客志向を前提に広域エリア全体の発展を考えた場合、相互補完関係が機能しやすく効率的な観光地域づくりが進めやすくなることから、広域系プラットフォームは観光系機能に重点を置き、地域系プラットフォームはまちづくり系機能に重点を置くことが望ましい。観光圏整備事業におけるプラットフォームは広域系に分類される。

■第 5 章
1) 社団法人日本観光振興協会では、市町村観光協会や連盟、広域の観光推進組織、都道府県単位の観光連盟、そして先進的な観光地域づくり組織等について、その組織運営と事業実態についての調査を行い、2011 年 3 月末の最新データをとりまとめた『地域観光協会等の実態と課題に関する調査報告書』を発刊した。市町村単位の観光協会の調査は、観光庁をはじめとする過去の主要調査で対象とされた主要観光地の 211 組織を対象にアンケート方式で実施し、111 組織から回答を得たものである。

■第 6 章
1) 富裕層とは、主たる住居・収集品・消費財および耐久消費財を除いて 100 万米ドル以上の投資可能資産の保有者と定義される。
2) メリルリンチ・ウェルス・マネジメントおよびキャップジェミニ「2009 年アジア太平洋地域ウェルス・レポート」2009 年 10 月
3) 広域 DMO の財源は、事業の継続性を確保するためにも補助金ではない財源が望ましい。現在わが国には入湯税という観光目的税があるが、DMO の財源とする宿泊（ホテル）税導入に向けた議論を早急にスタートさせることが不可欠である。

〈参考文献〉

- 高寄昇三『外郭団体の経営』学陽書房、1991年
- P. コトラー、D. H. ハイダー、I. レイン著、井関利明監訳、前田正子ほか訳『地域のマーケティング』東洋経済新報社、1996年
- 八甫谷邦明『まちのマネジメントの現場から』学芸出版社、2003年
- 安村克己『観光まちづくりの力学』芸文社、2006年
- 吉田春生『観光と地域社会』ミネルヴァ書房、2006年
- 根本祐二『地域再生に金融を活かす』学芸出版社、2006年
- 持続可能な観光まちづくり事業体の創出支援調査事業報告書「観光を活かしたまちづくりを推進する体制づくり」観光庁観光地域振興部観光地域振興課、2008年
- 原田宗彦・木村和彦編著『スポーツ・ヘルスツーリズム』大修館書店、2009年
- 西村幸夫編著『観光まちづくり』学芸出版社、2009年
- 宗田好史『創造都市のための観光振興』学芸出版社、2009年
- 蓑原敬『地域主権で始まる本当の都市計画・まちづくり』学芸出版社、2009年
- 十代田朗編著『観光まちづくりのマーケティング』学芸出版社、2010年
- 大社充「集客交流サービスによる地域の活性化に向けて」『運輸と経済』運輸調査局、2009年6月
- 大社充編著「着地型観光を推進するための事業運営研修ワークブック」日本観光振興協会、2010年・2011年
- 大社充編著「集客交流事業における地域資源の商品化を学ぶワークブック」日本観光振興協会、2011年

あとがき

　本書は、経済産業省「体験交流サービスビジネス化研究会」（2007年）、観光庁「持続可能な観光まちづくり事業体の創出支援調査」（2009年）における議論が出発点となっている。

　執筆にあたっては、北海道大学観光創造専攻の石森秀三先生、佐藤誠先生をはじめ観光学高等研究センターの先生方、都市計画家の蓑原敬先生、まちづくり専門家の林泰義さん、工学院大学の後藤治先生、京都府立大学の宗田好史先生、流通科学大学（当時）の高橋一夫先生、筆者が兼任講師を務める立教大学観光学部の安島博幸先生、そして日本観光振興協会の見並陽一理事長、長嶋秀孝常務理事、観光地域づくりプラットフォーム推進機構の清水愼一会長をはじめ、鶴田浩一郎さんや井手修身さん、久米信行さん、畦地履正さん、田村孝次さんら同機構のみなさんから多くのご指導をいただいた。さらに、本書で事例を紹介させていただいた観光まちづくり組織のリーダーのみなさんほか、全国各地の現場で日々汗を流している、数え切れない多くの方から貴重な情報や有益なアドバイスをいただいた。あらためて、お世話になったみなさんに御礼を申し上げたい。

　本書は2010年に出版を予定していた。それが2年半も遅れたのは、ひとえにわたしの怠惰な性質によるものだが、粘り強くわたしを励まし続けてくださった学芸出版社の前田裕資さんの心遣いときめ細かな指導なくして本書は誕生しなかったことを付記しておきたい。

　本書が、地域主導型観光振興のブレイクスルーに向けた新たなステージへの出発点になることを願っている。

2013年1月21日　大社 充

大社 充（おおこそ・みつる）

1961年宝塚生まれ。1985年京都大学卒業。在学時アメフト部QBとして京大初の全国制覇に貢献（年間最優秀選手賞受賞）。1985年松下政経塾入塾。1987年からエルダーホステル協会創設に参画。自然や歴史・文化など地域資源を活かした集客コンテンツの開発に取り組む。2007年日米の元兵士による親善野球試合をハワイで開催。その後、全国各地で観光まちづくりやDMO形成等の支援に携わる。

現在、NPO法人グローバルキャンパス理事長。事業構想大学院大学・客員教授として観光まちづくり（DMO）プロジェクト研究を担当。DMO（観光地域づくりプラットフォーム）推進機構代表理事。「世界文化遺産」連携会議幹事。

【委員など】
国土交通省「成長戦略会議」委員（2009～2010）
内閣府行政刷新会議「規制制度改革WG」委員（2010）
観光庁・観光地域づくりプラットフォームに関する各種委員会（2010～2011）
経産省「産業構造審議会」委員（2014）
内閣官房「まち・ひと・しごと創生会議」有識者委員（2014～）

【その他】
NFL解説者（NHK-BS1）／社会人アメフト「ブルザイズ東京」監督／キーパーズ有限会社顧問

【著書】
『体験交流型ツーリズムの手法―地域資源を活かす着地型観光―』学芸出版社（2008年）
『奇跡のプレイボール ～元兵士たちの日米野球～』金の星社（2009年）
（第59回全国青少年読書感想文コンクール中学生の部：課題図書）

地域プラットフォームによる観光まちづくり
マーケティングの導入と推進体制のマネジメント

2013年3月1日　初版第1刷発行
2017年6月20日　初版第5刷発行

著　者………大社充
発行者………前田裕資
発行所………株式会社学芸出版社
　　　　　　京都市下京区木津屋橋通西洞院東入
　　　　　　電話075-343-0811　〒600-8216

装　丁………コシダアート
印　刷………オスカーヤマト印刷
製　本………新生製本

© Mitsuru Okoso 2013　　　Printed in Japan
ISBN 978-4-7615-2546-0

JCOPY 〈(社)出版者著作権管理機構委託出版物〉
本書の無断複写（電子化を含む）は著作権法上での例外を除き禁じられています。複写される場合は、そのつど事前に、(社)出版者著作権管理機構（電話03-3513-6969、FAX 03-3513-6979、e-mail: info@jcopy.or.jp）の許諾を得てください。
また本書を代行業者等の第三者に依頼してスキャンやデジタル化することは、たとえ個人や家庭内での利用も著作権法違反です。

好評発売中

体験交流型ツーリズムの手法　地域資源を活かす着地型観光

大社充 著
四六判・192頁・定価1600円+税　2008年10月に観光庁が新設されるなど、観光・交流による地域再生への期待は高い。そこではエコ、グリーン、ブルー、長期滞在、産業観光等、地域資源を活かし、地域で取り組むニューツーリズムが主役だ。そのプログラムづくりの秘訣、地域に求められる人材・組織づくりの考え方を、20年に渡る豊富な経験からまとめた待望の書。

観光まちづくり　まち自慢からはじまる地域マネジメント

西村幸夫 編著／財団法人日本交通公社 編集協力
A5判・288頁・定価3000円+税　観光まちづくりの考え方と実践方法を、①まちづくりと観光の相違と共通点、融合の可能性の解説、②歴史を活かし、多様性を引き出し、まちの魅力を高めてきた10の実践例の紹介、そして、③それらに共通する地域の宝を自慢し、資源化し育ててゆく地域経営（人材、組織、計画のマネジメント）のあり方の三本柱で具体的に解説する。

これでわかる！着地型観光　地域が主役のツーリズム

尾家建生・金井萬造 編著
A5判・224頁・定価2400円+税　マスツーリズムや公共事業による地域開発が行き詰まるなか、地域資源を地域自らがプロデュースする着地型観光が注目されている。旅行業者にとっては新たな市場として、地域にとっては交流による地域振興のテコとして期待される。地域と観光客、旅行業者が互いに益する関係を築き、地域振興につなげる考え方と実践手法を解説。

観光の地域ブランディング　交流によるまちづくりのしくみ

敷田麻実・内田純一・森重昌之 編著
A5判・192頁・定価2000円+税　施設整備型の観光開発、地域磨きに終始しがちだった内向きの観光まちづくりを超えて、地域外のニーズへ向けた総合的なマネジメントが求められている。そこでポイントとなるマーケティングとブランディングを、軸となる地域組織に焦点をあてながら、8つの事例で分析。持続的な観光まちづくりの戦略を、モデルで明快に示す。

観光のビジネスモデル　利益を生みだす仕組みを考える

石井淳蔵・高橋一夫 編
A5判・220頁・定価2500円+税　低利益体質がしみこんだ観光業界、補助金頼りから抜け出せない観光地域づくり。この状況を打破するには売り上げや集客数ではなく「利益」を生みだす仕組みが必要だ。先行事例を紹介するとともに、その凄さや面白さを経済学・経営学の理論から読み解くことによって、ビジネスイノベーションの実践力・応用力を身につける一冊。

観光まちづくりのマーケティング

十代田朗 編著／山田雄一・内田純一・伊良皆啓・太田正隆・丹治朋子 著
A5判・208頁・定価2300円+税　地域が主体性をもって観光客をどう誘致するのか、とことん地域の視点にたって書かれた初めての実践書。とりわけ多様な人々が関わる観光まちづくりにおいて、共通の認識となりうるよう、マーケティング、ブランディング、プロモーション、MICE、ホスピタリティの基礎から、地域戦略としての展開手法を事例を交えて解説。